学綜合郷土研究所ブックレット

23

戦国時代の東三河

牧野氏と戸田氏

山田邦明

●目　次●

- 古白
  - ○
    - 信成（田三）
      - 保成（田三郎、出羽守）
        - 成光（三郎）

- 貞成（右馬允）
  - 成定（右馬允）
    - 康成（右馬允）
      - 忠成

- 定成（八大夫、山城守）
  - 康成（半右衛門、讃岐守）
    - 信成

牧野氏系図

- 玉栄
  - 宗光（弾正左衛門 弾正忠、全久）
    - 憲光（弾正忠）
      - 政光（左近尉）
        - 宗光（孫四郎、弾正）
          - 尭光（孫四郎）
          - 宣光（丹波守）
            - 重貞（主殿助）
            - 忠重（甚平、弾正）
              - 康長（虎千代、孫六郎、丹波守）
        - 忠政
          - 忠次（三郎右衛門尉）
            - 尊次
          - 勝則
            - 吉久
        - 光忠
          - 光定
            - 政重

- 氏光
  - 一西（政成、信世、左門佐）
    - 氏鉄

戸田氏系図

はじめに

今から四五〇年前（一五六四年、永禄《えいろく》七年）、日本列島は戦国動乱の只中だった。ここ東三河の地でも、今川と松平の戦いがくりひろげられ、牧野や戸田といった地域の武士たちは、今川と松平のどちらにつくか悩みながら、時代の動きに身を投じていた。

個性豊かな武将たちが活躍した戦国時代は、現代の私たちにもなじみ深い時代で、それぞれの地域にヒーローがいる。東三河の地でも、牧野や戸田といった武士があらわれて、急速に力を伸ばし、歴史の表舞台で活躍した。牧野も戸田も結果的には徳川家康に従い、遠く離れたところで大名になったから、地域の支配者として続いたわけではないが、彼らにまつわる遺跡や伝承は今に遺されている。この地域の歴史を語るうえで、戦国時代の武士たちは欠かせない存在なのである。

東三河の戦国時代については、古く『渥美郡史《あつみぐんし》』や『神社を中心としたる宝飯郡史《ほいぐんし》』、大口喜六《おおぐちきろく》氏の『国史《こくし》上より観《み》たる豊橋地方』で言及され、四十年あまり前の『豊橋市史』や『田原町史』などの自治体史でも豊かな叙述がなされた。近年は『新編豊川市史』も刊行されている。本書はこうした研究に学びながら、あらためて戦国時代の東三河の歴史を概観しようとしたものである。

この機会に戦国時代の東三河についてまとめてみたいと考えた理由として思いつくのは、とりあえず以下の二つである。一つは研究の素材となる史料にかかわるが、『愛知県史』の編纂事業の中で、資料編（中世・

織豊）の編纂と刊行が進められ、地域にかかわる文書や記録などの史料を容易に手にする環境が整ってきたことである。江戸時代以後に作られた史書なども一定の価値はあるだろうが、まさに戦国時代当時に書かれた文書や記録をもとに、具体的な歴史をあぶりだすことができるようになったし、そうした作業がまずは必要ではないかと思えたのである。

もうひとつの動機は、現在の自治体の枠にとらわれない、より広い地域の歴史を全体的にとらえてみたいと思ったことである。『豊橋市史』をはじめとする成果は貴重だが、自治体史という性格上、限られた区域の中での叙述が中心にならざるを得ない。戦国時代のこの地域の歴史をとらえる場合には、自治体の枠を超えた広い視野が必要だろうから、現在の豊橋市・豊川市・田原市をまるごとひとまとめにして、地域の歴史を描いてみるのも意味があるのではと考えたのである。

このようなわけで、百年余りに及ぶ時代の東三河の歴史について、牧野と戸田の動きを中心に年代を追って叙述し、最後に地域の人々の活動についてまとめてみた。一般書という性格上、個々の叙述の根拠となった史料はいちいち示していないが、特に記載のないものは、『愛知県史』所収の史料に基づいている。証拠を詳しくみてみたいと思われる方は、ぜひとも『愛知県史』をひもといて調べていただきたい。

一　牧野氏と戸田氏の時代へ

◉——東三河という地域

現在の豊橋市《とよはしし》・豊川市《とよかわし》・田原市《たはらし》の一帯は、ひとつのまとまった地域になっていて、「東三河《ひがしみかわ》」と一般に呼ばれる。南北に流れる大河、豊川《とよがわ》の周囲に一定の平地が形づくられ、豊川の河口から先には三河湾が広がっている。水田や畑が広がり、海産物にも恵まれた、豊かな環境を持つ地域だということができるだろう。

三河は大きな国*で、豊川流域を中心とする東部と、矢作川《やはぎがわ》流域をはじめとする西部に分かれる。東西の境の目印となるのは、蒲郡市《がまごおりし》・幸田町《こうたちょう》・西尾市《にしおし》の境にある三ケ根山《さんがねさん》や、豊川市と岡崎市の境にある山々で、古い時代から東と西に四つずつの郡*が置かれていた。東三河の宝飯郡《ほいぐん》・渥美郡《あつみぐん》・設楽郡《したらぐん》・八名郡《やなぐん》、西三河の碧海郡《へきかいぐん》・幡豆郡《はずぐん》・賀茂郡《かもぐん》・額田郡《ぬかたぐん》である。

東三河の四郡のうち、宝飯郡は現在の豊川市と蒲郡市にほぼ相当し、渥美郡は豊橋市と田原市にあたり、豊川を境にして向かい合っている。この宝飯郡と渥美郡の北で、やはり豊川を境に向かい合っているのが設楽郡と八名郡で、設楽郡は現在の新城市《しんしろし》（豊川以北）・東栄町《とうえいちょう》と設楽町《したらちょう》の南部にあたる。八名郡は新城市の豊川以南

国——日本列島に設定された地域の単位。七～八世紀に制度が整えられ、平安時代には六十八の国が揃った。

郡——国の中に設定された地域の単位。郡の数は国によってまちまちだった。

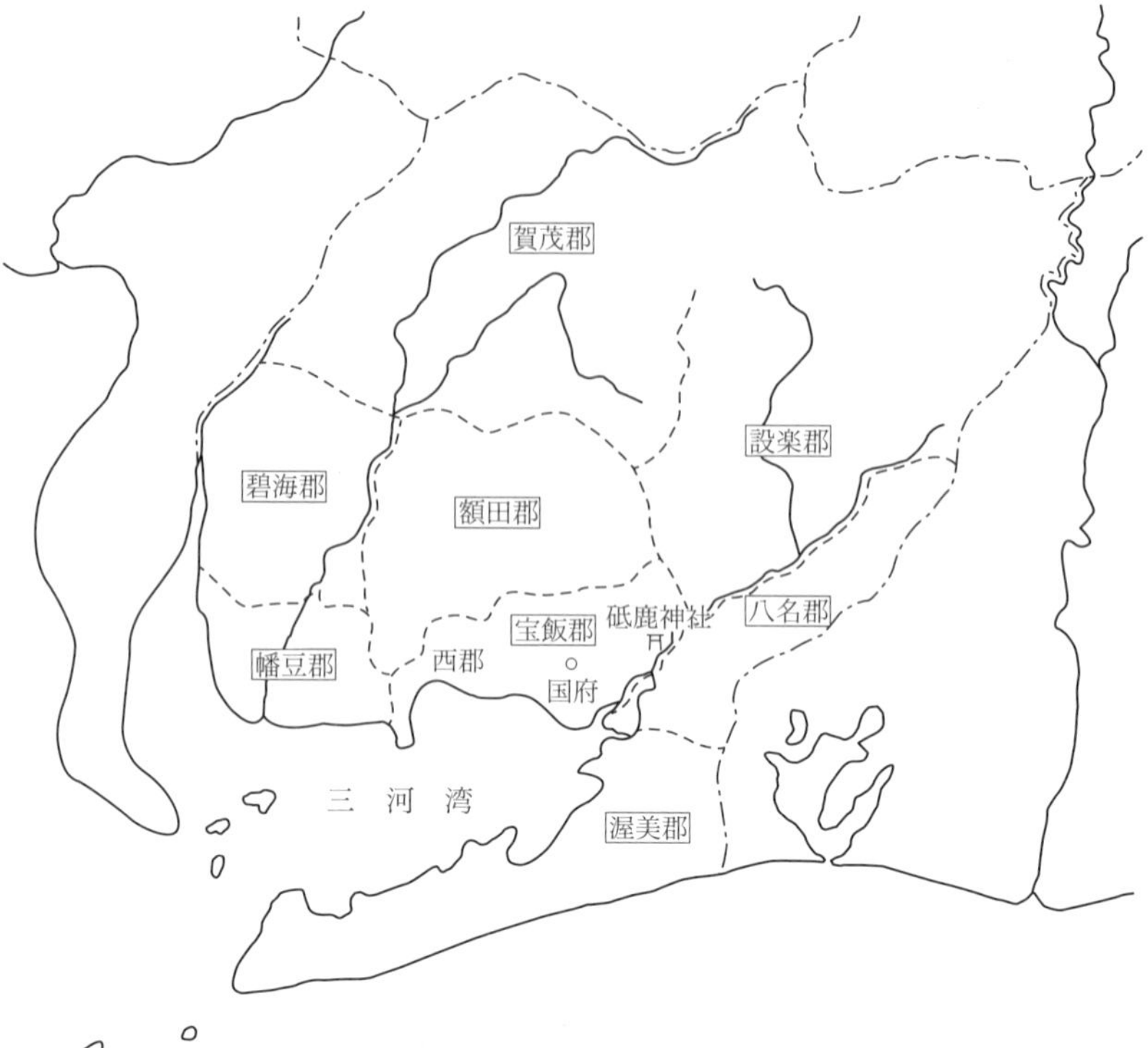

図1　三河国と八つの郡

にあたるが、豊橋市の北部、朝倉川から北の地域も八名郡に含まれる。

　このように三河国の東半分の四郡は広い空間にまたがるが、そのすべてがまとまっているわけではなく、いわゆる「東三河」に相当するのは、そのなかの南東部一帯に限定したほうがいいように思える。豊川の周囲に広がる平野は、*一宮《いちのみや》のところで終わりになり、そこからは狭い谷が続き、しばらく行くと新城の盆地になる。現在の豊橋市・豊川市と新城市の境にあたるところで地域は大きく分けられ、これより北は「奥三河」というほうが適切な山間部になるのである。また現在の蒲郡は宝飯郡の中にあるが、*国府《こう》のあたりとは山で隔てた別世界になっていて、かつては「西郡《にしのこおり》」と呼ばれていた。西郡（蒲郡）は三河湾岸の中央にあり、岡崎方面ともつながりが深いので、狭い意味での「東三河」には含めないほうがいいように思える。ただ蒲郡市に属している大塚は、「西郡」と山を隔てているので、「東三河」の内ととらえることができるだろう。

地域の把握のありかたは一様ではないが、本書では現在の豊橋市・豊川市・田原市の市域と、蒲郡市の大塚を含む一帯を「東三河」ととらえて、この地域の戦国時代のことを具体的にみていくことにしたい。

◉——古代・中世の東三河

豊川市内の国府の地は、古く三河国の*国府《こくふ》が置かれたところで、*国司《こくし》がいて政治を行っていた。また三河の神社の第一位にあたる*一宮は、豊川市一宮町の*砥鹿神社《とがじんじゃ》である。国府も一宮も三河の東部、宝飯郡の中にあったわけで、かつてはこの地域が三河国の中心にあたっていたことがわかる。宝飯郡の一帯はかつて「穂《ほ》」とよばれた地域で、郡制が整備されたときに「宝飫郡《ほおぐん》」と表記され、さらに「宝飯郡」と書かれるようになった。渥美郡はかつて「飽海《あくみ》」とよばれた地域（現在の豊橋市役所の周辺）を中心にしていて、*郡衙《ぐんが》もこのあたりにあったようである。

豊川はかつては「飽海川」と呼ばれ、やがて「豊川」の名が一般化するが、流路は現在とは大きく異なっていたらしい。今の豊川は豊橋公園の北を流れているが、かつての川の本流は、豊川市街の東の崖下を流れていたようなのである。鎌倉時代

一宮——現在の豊川市一宮町とその周辺。

国府——現在の豊川市国府町。

国府——国における政治を行った役所。

国司——国の政治を司った人。長官を守（かみ）、次官を介（すけ）という。

一宮——国を代表する総鎮守ともいうべき神社で、国ごとに決められた。

砥鹿神社——本宮山の上の奥宮と里宮がある。祭神は大己貴命（おおなむちのみこと、大国主神のこと）。

郡衙——郡における政治を行った役所。郡家（ぐうけ）ともいう。

に豊川を訪れた旅人の紀行文（＊海道記《かいどうき》）に、宿所を出てすぐのところに大河があったという記事がみえるから、この時代の本流は豊川のすぐ東を流れていたことが確認できる。豊川駅の東の＊古宿町《ふるじゅくちょう》は段丘上にあり、その東は急な崖になっていて、かつて川が流れていたことをうかがうことができる。豊川の南に進むと、＊牛久保《うしくぼ》・＊小坂井《こざかい》と段丘が続くが、かつての川はこの段丘の東をまっすぐ流れていたものと思われるのである。

　平安時代の後期から鎌倉時代にかけて、日本列島の各地には天皇家・＊摂関家《せっかんけ》や大寺院などを領主とする「＊荘園《しょうえん》」が広がり、百姓は荘園領主に＊年貢《ねんぐ》・公事《くじ》を納めるようになる。東三河の場合、国府のある宝飯郡においては荘園のひろがりはあまりみられないが、渥美郡には＊伊勢《いせ》の神宮《じんぐう》の荘園が数多く設定された。渥美半島突端の＊伊良湖《いらご》に行くと、伊勢の地が至近距離にあることがよくわかるが、神宮の神官たちが海を渡って渥美郡に乗り込み、各地に「＊御厨《みくりや》」や「御薗《みその》」とよばれる荘園をつくりあげていったのである。まず押さえたのは三河湾に面した＊神戸《かんべ》の地で、ここに「＊本神戸《ほんかんべ》」が設定された。さらに郡衙の近辺にも神宮の勢力は及び、「飽海新神戸」などの荘園が成立した。伊良胡御厨から飽海新神戸に至るまで、半島には多数の御厨や御薗が生まれ、渥美半島は神宮の支配地ともいえるような様相を呈した。

　また、同じく平安時代の後期のころには、地域の寺院がめだった繁栄をみせた。豊川市域北辺の山麓にある＊財賀寺《ざいかじ》や、豊橋市東端の＊普門寺《ふもんじ》（船形寺・桐岡院《きりおかいん》）は、

海道記――作者は不明。貞応二年（一二二三）の京都から鎌倉への旅のようすを記す。

古宿町――かつて豊川の宿場のあったところと考えられる。

牛久保――現在の豊川市牛久保町。

小坂井――現在の豊川市小坂井町。

摂関家――摂政・関白になることのできる藤原氏の一門。近衛・九条・鷹司・二条・一条の五つの家。

荘園――国司が治める公領（国衙領）に対して、私的な個人や組織の所有地を荘園という。

年貢・公事――耕地に対して賦課される基本的な税が年貢だが、それ以外にも公事とよばれるさまざまな税が課せられた。

伊勢の神宮――天皇の守護神で、現在の三重県伊勢市にあり、内宮（皇大神宮）・外宮（豊受大神宮）などからなる。

伊良湖――現在の田原市伊良湖町。

御厨・御薗――厨は台所の意味で、御厨は貴人や神に奉る食事を調達する場所。野菜や果物などを調達するところを御薗という。

神戸――現在の田原市神戸町。

山岳宗教の中心として、多数の僧侶をかかえて、多彩な活動を展開した。太平洋に面した*東観音寺《とうかんのんじ》も古くからある寺院で、港を押さえながら独自の勢力を築き上げた。こうした大寺院は平安時代の末ごろに繁栄期を迎え、鎌倉時代から室町時代にかけてもその勢力を保った。

鎌倉幕府が開かれた頃には、日本列島の各地に「武士」といわれる人びとが登場し、力を伸ばしていた。この地域にも武士はいたらしく、源頼朝の時代に活動が知られる「*室平四郎重広《むろへいしろうしげひろ》」は豊橋市内の*牟呂《むろ》を本拠とする武士だったと考えられる。また南北朝の内乱を描いた『太平記』には、「*星野」と「行明《ぎょうめい》」、さらに「西郷《さいごう》弾正左衛門尉《だんじょうざえもんのじょう》」という武士が登場する。このうち星野と行明は豊川市域の武士で、*西郷は豊橋市北部の石巻中山町《いしまきなかやまちょう》のあたりを本拠としていたと考えられる。

このように地域の武士の活動もないわけではないが、日本列島のほかの地域に比べれば、武士たちの勢力はそれほどの広がりをみせず、むしろ古代以来の伝統をもつ地域の寺院が領主として影響力を保ちつづけてきたというのが、中世の東三河地域の特徴だということができるだろう。

しかしこうした状況は、十五世紀の半ばになると大きく変わることになる。牧野氏や戸田氏といった新興勢力が台頭し、地域社会の有力者が歴史の表面に躍り出る、あらたな時代が始まるのである。

本神戸——神戸は神社に奉仕する民で、こうした人のいるところも神戸といった。本神戸は最初に設定された神戸。

財賀寺——現在の豊川市財賀町にある寺。真言宗で、行基の開創と伝えられる。

普門寺——現在の豊橋市雲谷町にある寺。真言宗で、行基の開創と伝えられる。

東観音寺——現在の豊橋市小松原町にある寺。行基の開創と伝えられる。はじめ真言宗で、室町時代に臨済宗に転じたという。

室平四郎重広——ならず者たちを率いて濫行を続け、幕府から討伐の武士が派遣されると姿をくらましたという（吾妻鏡）。

牟呂——現在の豊橋市牟呂町・牟呂外神町・牟呂水神町・牟呂公文町・牟呂大西町・牟呂中村町・牟呂市場町・東脇。

星野・行明——中世に星野荘という荘園があり、行明は現在の行明町にあたる。星野・行明はここを本拠とする武士であろう。

西郷——江戸時代初期には西郷村という村があった。現在の石巻中山町・石巻萩平町・石巻平野町などにあたる。西郷氏はこの出身だろう。

◉——戸田宗光の登場

*室町幕府《むろまちばくふ》の時代、三河国の*守護《しゅご》として国内をまとめていたのは、足利氏《あしかがし》一門の一色氏《いっしきし》だった。一色氏は幕府の*侍所《さむらいどころ》長官をつとめることもある名門で、当主は京都にいて幕府政治にもかかわっており、三河の統治はその家臣が行っていたらしい。政務の中心地にあたる守護所《しゅごしょ》の場所はわからないが、守護の一色義貫《いっしきよしつら》が*御津《みと》の*御津神社や小坂井の*菟足神社《うたりじんじゃ》の修造にかかわっているので、*守護所も東三河の宝飯郡内にあったものと思われる。

一色氏は数代にわたって三河の守護をつとめるが、永享《えいきょう》十二年（一四四〇）に一色義貫が将軍*足利義教《あしかがよしのり》の命令で、大和《やまと》（奈良県）で殺害されるという事件が起き、状況は大きく変わる。幕府の重鎮の細川持常《ほそかわもちつね》が一色にかわって三河の守護職を獲得することになったのである。彼は幕府の*管領《かんれい》もつとめた細川氏の一門で、四国の阿波《あわ》（徳島県）を本拠としていたが、阿波守護職に加えて三河の守護職も所持することになった。そして十年ほどして持常が死去すると、甥にあたる成之《しげゆき》があとをつぎ、三河守護にも任命された。

しかしあらたな守護の支配は順調には進まなかった。新任の守護の統治を受け入れない人々も多く、特に額田郡の武士たちが、徒党を組んで反抗の姿勢を示したことが問題となった。守護の細川成之は彼らを成敗しようとしたが、武士たちは

室町幕府——足利尊氏が開いた武家政権で、京都に置かれた。
守護——鎌倉幕府や室町幕府のもとで、国ごとに置かれた役職。国内の武士たちをまとめ、種々の職務を行った。
侍所——鎌倉幕府の侍所は武士をまとめる機関だったが、室町幕府の侍所は京都の統治や警察を主な任務とした。
御津——現在の豊川市御津町広石とその周辺。
御津神社——現在の豊川市御津町広石にある神社。祭神は大国主命。
菟足神社——祭神は菟上足尼命。菟上足尼は『先代旧事本紀』にみえる穂国造（ほのくにのみやつこ）。
守護所——守護の国内統治のため政治が行われた役所。
足利義教（一三九四〜一四四一）——兄の義持の死後、くじびきによって将軍となる。はじめは大名たちと協力して政治を進めたが、しだいに専制化を強め、赤松満祐に暗殺された。
管領——室町幕府の役職で、将軍を補佐して政務を司った。足利一門の斯波・細川・畠山の三氏が交代でつとめた。

「*牢人《ろうにん》」となって各地を動き回り、守護の指示に応じようとしなかった。こうした状況をなんとかするために、細川成之は額田郡のあたりに力をもつ地域の領主に頼んで、「牢人」たちを退治してもらおうと考え、行動に移すことになる。

この時期額田郡一帯で最も力を持っていたのは、*松平郷《まつだいらごう》を本貫地《ほんがんち》とする松平《まつだいら》信光《のぶみつ》だったが、彼は幕府の*政所執事《まんどころしつじ》をつとめる*伊勢貞親《いせさだちか》に仕えていた。松平を動かすためには主君にあたる伊勢から命令してもらうのが有効だと考えた細川は、伊勢貞親にこのことを依頼し、伊勢から松平あてに指示が出されることになる。寛正《かんしょう》六年（一四六五）五月のことである。貞親から直接文書《もんじょ》が発給されたが、これに加えて伊勢家の*被官《ひかん》である*蜷川親元《にながわちかもと》と伊勢貞雄《さだお》の二人が主人（伊勢貞親）の命令を伝える「*奉書《ほうしょ》」を出すという形をとった。

ところでこのとき「十田弾正左衛門《とだだんじょうざえもん》」という武士にあてても、同じ内容の奉書が出され、またこの「十田」に対しては、蜷川掃部助淳親《かもんのすけあつちか》という人からも書状が出されている。そしてこの淳親書状には「*知行《ちぎょう》している大平郷の代官のことについて十田に契約しているので、こうした書状を書いた」という注記がみられる。額田郡内の大平郷の領主は蜷川淳親で、現地で年貢上納などを請け負う代官職《だいかんしき》に「十田弾正左衛門」が任命されていたというわけである。

「十田弾正左衛門」という人物が伊勢家や蜷川と関係を持ち、大平郷の代官をつとめていたことがわかるが、彼が伊勢家に仕えていたことは、ほかの史料からも証

牢人――武士の身分でありながら、主家から離れ所領を失った人たちをいう。

松平郷――現在の豊田市松平町。

政所執事――鎌倉幕府の政所は政務を行う機関だったが、室町幕府の政所は主に財務を管轄し、伊勢氏が長官の執事をつとめた。

伊勢貞親（一四一七～七三）――将軍足利義政に重用され、幕府政治に関与したが、文正元年（一四六六）に一時失脚して京都を離れた。

被官――従者のこと。

蜷川親元（一四三三～八八）――伊勢氏に仕えて政所代をつとめ、幕府政治に関与。こまめにつけた日記が残されている。

奉書――古文書の様式のひとつ。主人の意思を従者が受け取って、従者が署名して発給する文書。

知行――所領を支配すること。

明される。蜷川親元は詳しい日記をつけていたが、この年の七月二十九日の記事に「御被官である三河の十田弾正左衛門から*八朔《はっさく》の御礼があった」とみえ、十田が伊勢家の「御被官」だったことが確かめられるのである。伊勢家に仕えていた十田は、主君に対して八朔の贈り物をしているわけだが、このときは伊勢貞親と子息の貞宗《さだむね》に太刀を送って、お返しとして金をもらっている。

この「十田弾正左衛門」は、のちに渥美半島の田原を拠点として活躍する戸田《とだ》弾正忠宗光《だんじょうのちゅうむねみつ》と同一人物とみていいだろう。戸田氏の出身地は不明だが、尾張国の*富田荘《とみたのしょう》とかかわりをもつ一族の可能性が高いように思える。富田（戸田）は伊勢湾に面しているが、戸田氏は海の世界に勢力を広げ、まず知多半島《ちたはんとう》に入り、さらに海を渡って渥美半島に乗り込んできたらしい。このように戸田氏の活動の中心は海に近い地域だったが、これにとどまらず、額田郡の大平郷の代官職をもつなど、内陸地域にも足がかりを作って勢力を広げていたのである。

◉——牧野出羽守と西郷六郎兵衛

三河の武士たちが額田郡で決起して幕府や守護に反抗した事件については、『*今川記《いまがわき》』という書物にも詳しく書かれている。牢人たちの決起からその誅伐《ちゅうばつ》までの経緯が書かれており、松平信光や戸田宗光（十田弾正）のこともみえるが、この記録の中に、「牧野出羽守《まきのでわのかみ》」と「西郷六郎兵衛《さいごうろくろうびょうえ》」という人もその名をみせる。記事

八朔——旧暦の八月朔日（一日）のこと。この日に従者が主人に物を贈る風習が中世に広まった。

富田荘——現在の名古屋市中川区富田町とその周辺一帯にあった広大な荘園。鎌倉の円覚寺が荘園領主だった。

今川記——駿河の今川氏歴代の事績を記した軍記。

の内容は次のようなものである。

丸山中務入道《まるやまなかつかさにゅうどう》父子・大場二郎左衛門《おおばじろうざえもん》をはじめとする人々が額田郡*井の口というところにたてこもって狼藉《ろうぜき》を繰り返していたので、京都から「故一色左京《いっしきさきょう》大夫《だいぶ》の*御家人《ごけにん》の牧野出羽守」と「*仁木殿《にきどの》の侍《さむらい》の西郷六郎兵衛」の両人に命令がだされた。両人は大軍で押し寄せて井の口を攻め落とし、多くの敵を討ち取ったが、大将分の者たちは堀を越えて逃げ延びて、所々に分散して狼藉を続けていた。そこでまた京都から松平と戸田（十田）に命令が下り、丸山は*大平郷《おおひらごう》で戸田に討たれ、大場は*深溝《ふこうず》で松平信光の子に討たれて、首が京都に送られた。

牢人たちの鎮圧にまず当ったのは牧野と西郷で、彼らが反徒の拠点を落としたが、中心人物は逃走して反抗をつづけたので、松平と戸田が命を受けて彼らを退治した。『今川記』に記されたことの経緯はこのようなものだった。ここにみえる「故一色左京大夫の御家人牧野出羽守」が、史料から確認できる牧野氏の最初の人物である。「故一色左京大夫」というのは、かつて三河守護をつとめた一色義貫のことをさすと思われる。二十五年ほど前に義貫は将軍によって殺害されていたが、「牧野出羽守」はかつて守護の一色義貫に仕えていたとここにはみえるのである。守護職は細川に渡ったとはいえ、一色氏が滅びてしまったわけではなく、その一門は三河国内に影響力を保持していた。そして一色の家臣として活動してきた牧野出羽守は、着実に力を蓄え、反乱分子の鎮圧を実行できるまでに成長していたのである。

井の口——現在の岡崎市井ノ口町。

御家人——家人は従者のことで、特に将軍に従った武士のことを御家人と呼んだ。この記事では一色の身分を重んじて、その従者の牧野を御家人と記している。

仁木殿——足利氏一門の仁木氏。南北朝時代に勢力を振うが、室町時代には衰えていた。

大平郷——現在の岡崎市大平町。

深溝——現在の額田郡幸田町深溝。

牧野とともに反徒の鎮圧にあたった「西郷六郎兵衛」は、『太平記』にみえる西郷弾正左衛門につながる人物で、やはり豊橋市北部の石巻・嵩山《すせ》を本拠にしていたものと思われる。西郷弾正左衛門は当時の三河守護だった*仁木義長《にきよしなが》に従って活動していたが、仁木と西郷の関係はながく続いたらしく、『今川記』にみえる西郷六郎兵衛は「仁木殿の侍」としてその名をみせている。

◉——牧野古白の登場

三河国額田郡の牢人一件から二年後の応仁《おうにん》元年（一四六七）、幕府の内部分裂が表面化して、京都を舞台に戦いが始められる、*細川勝元《ほそかわかつもと》を中心とする東軍と、*山名《やまな》宗全《そうぜん》のもとにまとまった西軍とがにらみあいを続けた。三河守護の細川成之は東軍の重鎮として活動したが、かつての三河守護一色義貫の遺児にあたる一色義直《いっしきよしなお》は、西軍に加わって、ライバルの細川成之と向かい合った。京都の状況に連動して、三河でも守護代の東条氏《とうじょうし》（*吉良氏《きらし》一門）をはじめとする守護方と一色につらなる武士たちとの戦いが展開された。

こうした状況の中で、牧野氏は着実にその力を伸ばし、さまざまなところで史料に顔を出すようになる。豊橋市北部の石巻本町にある*椙本八幡社《すぎもとはちまんしゃ》（八幡宮）には多くの*棟札《むなふだ》が残されているが、「八幡大菩薩《はちまんだいぼさつ》*一宇《いちう》を*遷宮《せんぐう》し奉る。御託宣《ごたくせん》によりこの新所に*勧請《かんじょう》し奉るものなり」と書かれた文明《ぶんめい》三年（一四七一）四月八日の棟札に「*大檀那《おおだんな》」

仁木義長（?～一三七六）——足利尊氏に従い、伊勢・三河・遠江などの守護をつとめ、幕府政治にも参与したが、一時失脚して伊勢に退いた。

細川勝元（一四三〇～七三）——室町幕府の政治を主導し、管領を三度つとめた。

山名宗全（一四〇四～七三）——実名は持豊。但馬・備後・安芸・播磨などの守護で、侍所長官もつとめ、幕府の中で権勢を高めた。

吉良氏——足利氏の一門。三河の吉良荘（現在の西尾市）を本拠とし、長くこの地を支配した。

椙本八幡社——石巻本町に鎮座。この地はかつて和田郷と呼ばれていた。

棟札——建物の新築や修理、屋根の葺き替えなどの時に作られた木札。建物名や年月日、施主や工匠の名前などを墨書し、棟木や束・梁などに打ちつけた。

一宇——一棟の建物、一軒。

遷宮——神社の本殿の造営や修理に際し、神体をうつすこと。

勧請——神仏の分霊をお迎えしてまつること。

大檀那——布施物を多く出してくれる人。スポンサー。

鎮守八所権現——仏や菩薩が姿を変えて現れた神を権現といい、仏寺の鎮守のために権現をまつる社が建てられた。このときの権現は日吉・八幡大菩薩・砥鹿大菩薩・妙理大権現・熱田大明神・走湯権現・熊野大権現・金峯の八つ。
願主——善根や功徳を積むため社寺建立などを発願する人。
導師——法会を司る僧。
阿闍梨——伝法灌頂（でんぼうかんじょう）を受けて密教の秘法を授かった僧。

写真1　牛久保城址（豊川市牛久保町）

として「牧野駿川守」の名前がみえる。このときこの地に八幡宮《はちまんぐう》の遷宮がなされたということだが、この事業に際して牧野駿河守《まきのするがのかみ》という武士が「大檀那」として支援したことがわかるのである。

同じ年の十二月には豊川市内の財賀寺の棟札に「牧野古伯《まきのこはく》」という人がその名をみせる。財賀寺では「*鎮守八所権現《ちんじゅはっしょごんげん》」の造営がなされていて、文明三年の十二月十一日に遷宮の儀式が行われたが、財賀寺に残されている棟札によると、この事業の「*願主《がんしゅ》」は「牧野古伯」で、遷宮の時に*導師《どうし》をつとめたのは、財賀寺住持の幸弁《こうべん》*阿闍梨《あじゃり》だったという。ここにみえる「牧野古伯」はのちに今橋《いまはし》城主となった牧野古白その人で、この棟札が古白の活動を示す最初の史料ということができる。この時期すでに「古白」という法名《ほうみょう》を名乗っているから、それなりの年配で、牧野一門の中心にいたものと考えられる。

豊川市内の牛久保には、「一色城」とよばれる城跡がある。守護の一門の一色《いっしき》刑部少輔《ぎょうぶのしょう》がここにいたが、家臣の波多野全慶《はだのぜんけい》に滅ぼされ、さらにこの全慶が牧野古白に討たれて、古白の時代が到来したという伝えがある。どこまで信用できるか定かでないが、牧野古白が牛久保のあたりを拠点としていたことはたしかだろう。そして牛久保の西にある財賀寺とも古白は関係をもち、この地域の領主として鎮守八所権現の造営などにかかわったのである。そしてこの同じ時期に豊川の東の石巻には牧野駿河守がいた。牧野一門は牛久保あたりを拠点としながら、豊川の東も含む広い地域に勢力を広げていたのである。

鎮守八所権現の遷宮のあとも、財賀寺の造営事業は続けられた。文明四年（一四七二）には本尊を本堂に遷す儀式があり、文明十五年（一四八三）四月には本堂の宮殿が造営されたが、このときのことを書いた壁板の墨書銘《ぼくしょめい》には、「大檀那牧野左京亮守成《さきょうのすけもりなり》」「当寺大檀那牧野修理進利業《しゅりのしんとしなり》」の名がみえる。このときには牧野左京亮守成が財賀寺を含む地域の領主で、寺にかかわる「大檀那」の地位にいたのが牧野修理進利業だったのだろう。彼らと牧野古白の関係はわからないが、古白の次の世代の人々ということができるだろう。財賀寺のあたりの支配について、古白は若い世代の人たちにその権利を譲り、自らは牛久保より東の地域に重心を置きながら一門を統括しようとしていったのではないかと推測される。

石巻の椙本八幡社（八幡宮）にのこる文明三年の棟札に牧野駿河守が大檀那としてみえることは前述したが、その後も八幡宮の造営は重ねられ、多くの棟札が作られた。文明十七年（一四八五）閏三月に八幡宮の造営がなされ、延徳《えんとく》三年（一四九一）九月には八幡宮の中に藤社大明神《ふじこそだいみょうじん》が建てられ、明応《めいおう》二年（一四九三）九月には八幡宮の上葺《うわぶき》*がなされている。この時期つぎつぎと造営事業が進められたことがわかるが、この時期の棟札に「大檀那」としてあらわれるのは「渡辺雅楽助《わたなべうたのすけ》」という武士である。この渡辺氏は和田*を本拠とした武士らしく、のちに徳川家康の家臣になっている。くわしいことはわからないが、石巻の近辺の支配者は、牧野から渡辺

上葺――かやなどで屋根を葺くこと。葺き替え。

和田――現在の豊橋市石巻本町の一部。

一禰宜——神社で祭祀に奉仕し事務を司る神職を禰宜という。伊勢の内宮と外宮にはそれぞれ十人の禰宜がいて、トップを一禰宜といった。内宮の禰宜は荒木田氏、外宮の禰宜は度会氏。

荒木田氏経（一四〇二〜八七）——内宮の中心にいて神宮の経営にあたり、『氏経卿神事日次記』『氏経卿引付』などを遺した。

合点——チェックしたことを示す印。文字の右上から鉤形の合点をつけることが多かった。

に変わり、このころには渡辺氏が地域の振興にあたっていたものと思われる。

◉——戸田宗光の田原入部

前に書いたように、平安時代後期から鎌倉時代にかけて、渥美郡を中心に伊勢の神宮の所領が設定され、この地域に神宮の勢力が強く及ぶようになった。しかし室町時代になると神宮の支配にもかげりがみえはじめ、武士たちに所領を押領《おうりょう》されたりして、年貢や諸役もなかなか納められなくなっていった。文明十三年（一四八一）十一月、こうした状況を打開するために、内宮の*一禰宜《いちのねぎ》の*荒木田氏経《あらきだうじつね》は「富田弾正」にあてて書状を出し、三河国の神宮の所領が回復されるよう努力してほしいと頼んだ。「三河の神戸から出すべき毎年の神役の注文をお届けします。現物で出すのが難しければ、代物《だいもつ》（銭）でもかまいません。それから、同時にお届けした三河国中の神領の注文で、*合点《がってん》をつけたものが現在年貢の納められているところで、それ以外はうまくいっていません。あなたから御寄進するということにして、なんとかしていただければ、ありがたく思います」というのが書状の内容だが、宛先の「富田弾正」は戸田宗光のこととみていいだろう。この時期彼は神宮の所領の広がる渥美の地で大きな勢力を築いていて、そのため荒木田も戸田に頼みこもうとしたのである。

この書状の後半部に、年貢が来ていない神領については、戸田が寄進するという形にしてほしいという一文がみえるが、このことから、こうした神領を現実に支配していたのは実は戸田本人だったことがうかがえる。渥美郡を中心に広がる神宮領を犯していたのは、ほかならぬ戸田宗光だったのである。神宮からの依頼のすべてに応えることはできなかったが、全く無視もできず、*杉山御厨については*上分《じょうぶん》を神宮に送ることを約束した。文明十七年（一四八五）の七月、荒木田氏経はこのことを感謝して、戸田宗光にあてて礼状をしたためた。

ところでこの礼状には「田原弾正忠殿」と宛名が書かれている。戸田宗光は「田原弾正忠」と呼ばれていたわけだが、この時期には*田原を拠点にしていたことが、この表記からうかがえる。渥美半島の中で戸田宗光がはじめて上陸したのは*大津で、やがて良港を持つ田原の地に*城を築いてここに移ったと伝えられている。神宮領の回復を求められた文明十三年の頃にはすでに渥美郡に入部していて、この地域に勢力を広げていたものと思われるが、文明十七年の段階では田原を拠点としていたことが確認されるのである。

田原に入った戸田宗光は、西方の*大窪《おおくぼ》にある*長興寺《ちょうこうじ》を再興して、みずからの家の*菩提所《ぼだいしょ》とした。衰えていた寺を再建して、本領のほかに新たに所領を加え、父親の玉栄《ぎょくえい》の菩提所として保護することにしたのである。このとき玉栄は存命で、明応三年（一四九四）二月には自ら寺にあてて証文をしたため、寺領を*不入として諸役をかけないことなどを約束している。つづいて同年の三月には戸田宗光が長興寺に*加治郷清友名《かじごうきよともみょう》を寄進しているが、その寄進状には、自分の主君にあたる「一色七郎

杉山御厨——杉山御薗ともいう。神宮の荘園で、現在の豊橋市杉山町にあった。

上分——神仏に上納された貢納物で、年貢をさすこともあった。

田原——現在の田原市田原町。

大津——現在の豊橋市老津（おいつ）町。

田原城——現在の田原市田原町巴江に所在。

大窪——現在の田原市大久保町。

長興寺——はじめ天台宗で、臨済宗、ついで曹洞宗に転じ、戸田氏の菩提所となった。

菩提所——一家が代々帰依して葬儀や追善供養などを営む寺。菩提寺。

不入——荘園や所領などに権力の介入を認めない特権。

加治郷——現在の田原市加治町。

殿様」の位牌《いはい》を寺に安置していること、今回の寄進については「*御屋形様《おやかたさま》」の了解も得て「*御判《ごはん》」を下されていることなどが書かれている。かつて守護をつとめた一色家はまだ健在で、実力者の戸田宗光もとりあえずは一色を主君と仰いでいたのである。

その後も戸田宗光は長興寺の振興に心を尽くした。明応五年三月には長興寺に山を寄進しているが、この寄進状には「*沙弥全久《しゃみぜんきゅう》」と署名している。このころには宗光は入道して法名を名乗っていたのである。さらに明応八年五月には長興寺の諸事にかかわる*置文《おきぶみ》を作り、戸田につながる武士たちが寺の権益を侵さないよう取りきめた。またこのころには*妙法蓮華経《みょうほうれんげきょう》を寺に備えるために、*木板《もくはん》の作成を進めていた。戸田宗光はまもなく死去したので、この事業の完成を見ることはできなかったが、あとを継いだ子息の戸田憲光《のりみつ》（弾正忠）は、父の遺志を受け継いで、妙法蓮華経一部を作り上げ寺に納めた。明応九年（一五〇〇）七月のことである。

同じ年の八月、戸田憲光は尾張の知多半島の突端にある*幡豆社《はずしゃ》を修造し、棟札にその名を残した。戸田氏は知多半島にも拠点を持っており、知多と渥美という海の世界を押さえる大勢力に成長したのである。

御屋形様――屋形は貴人の邸宅で、中世には守護クラスの大名のことを屋形と呼んだ。御屋形様はその尊敬表現。

御判――御判は花押のことで、花押が据えられた文書（判物）も「御判」といった。

沙弥――剃髪しても僧にならないで在家の生活をする人。

置文――子孫や一族にあてて、将来にわたって守るべきことを書き記した文書。中世の武家でよく作られた。

妙法蓮華経――大乗仏教の重要な経典の一つで、人々に最も尊重された。八巻二十八品で、前半を迹門、後半を本門という。

木板――紙に印刷するために、木の板に文字や絵を彫りつけたもの。木版。

幡豆社――羽豆神社。現在の知多郡南知多町師崎にある。

二　牧野と戸田の抗争

●牧野古白と今橋城

明応四年（一四九五）三月、豊橋市街の魚町《うおまち》にある*安海大権現《やすみだいごんげん》の*拝殿《はいでん》が造営されたが、このときの棟札には「御屋形右馬頭殿《おやかたうまのかみどの》」「代官牧野藤右衛門尉《まきのとうえもんのじょう》」と書かれていた。牧野一門の藤右衛門尉が、豊川南岸のこの地で「右馬頭殿」の代官をつとめていたことがここからわかる。「右馬頭殿」が誰かはわからないが、「御屋形」というのは守護を指すことが多いので、守護職を代々つとめた一色氏《いっしきし》の一門と考えられる。牧野家の先祖にあたる牧野出羽守《でわのかみ》が守護一色義貫《いっしきよしつら》の「御家人」だったことは前に述べたが、一色と牧野の関係はその後も続き、地域の実力者となった牧野一門も、守護職の継承者である一色を主君として推戴していたものと思われる。戸田と同じく牧野も伝統的な守護の権威を利用しながら勢力を広げていったのである。

二年後の明応六年十一月には、やはり豊橋市街にある、現在の*安久美神戸神明社《あくみかんべしんめいしゃ》の造営がなされた。このときの棟札には「三河国の渥美郡新神戸郷の社頭一宇」の*棟上げ《むねあ》を行ったとみえ、「御屋形」が馬一疋、「平朝臣古白《たいらのあそんこはく》」が馬一疋を献上したことなどが書かれている。この「御屋形」は先に見た「御屋形右馬頭殿」と同じく一

安海大権現——現在の安海熊野社。

拝殿——神社の中の建物で、拝礼をするために本殿の前に設けられた。

安久美神戸神明社——現在の豊橋市八町通に鎮座。吉田神明宮とも称した。二月に行われる鬼祭で知られる。

棟上げ——家を建てるときに、柱や梁（はり）などを組み立て、その上に棟木（むなぎ）を上げること。このときの儀式も棟上や上棟（じょうとう）という。

写真2　今橋城址（金柑丸）（豊橋市今橋町）

馬見塚——現在の豊橋市馬見塚町。

今川氏親（一四七一〜一五二六）——駿河の守護で、遠江に領国を広げ、戦国大名今川氏の基礎を築く。領国統治のため、今川仮名目録という法律を作った。

三相村——現在の豊橋市三ツ相町。

色右馬頭のことで、この造営にあたって馬一疋を寄進したわけだが、これにつづいて牧野古白も同じく馬一疋を寄進したことが、この棟札からわかるのである。安久美神戸神明社は現在の豊橋公園（吉田城跡）のすぐそばにあるから、この時期に牧野古白がこの地域を支配していたことが確認できる。

　吉田城はかつて「今橋城」と呼ばれ、牧野古白が築いたと伝えられている。前に述べたように、鎌倉時代の豊川は豊川・牛久保・小坂井と続く段丘の下を流れていたようだが、室町時代の頃には河流が変わって、現在の豊橋公園の北の崖下を流れる川が本流になっていったのではないかと思われる。そしてそのことによって、かつて郡衙《ぐんが》があった豊橋公園のあたりは、水上交通の要として重要度を増していき、そこに着目した牧野古白が自身の本拠として今橋城を築きあげたということだろう。

　牧野古白が城地に選んだのは「馬見塚《まみつか》の岡」と呼ばれるところだったという伝承がある。現在の*馬見塚は豊川河口《かこう》付近の、川に面した南側に所在するが、もとは現在の豊橋公園のところが「馬見塚」と呼ばれ、今橋城をここに築いたために、馬見塚の地名と百姓が西に移転したという伝えが残されているのである。そしてこの「馬見塚」については関係する文書もある。

　永正《えいしょう》二年（一五〇五）の十一月に駿河《するが》・遠江《とおとうみ》を領した大名の*今川氏親《いまがわうじちか》が、渡部平内次《わたなべへいないじ》という武士にあてて出した判物《はんもつ》がこれにあたる。馬見塚を渡部から取り上げたかわりに、「*三相村《みつあいむら》」の百二十貫文分のところを替地として与えるというもので、今橋城の築城にあたって馬見塚の地が選ばれ、そこの領主だった渡部平内次が退去を要請されたことがうかがえる。今橋城の本格的な築城がなされたのはこの頃だったと考えられるが、渡部あての指示が今川氏親によってなされていることは見逃せない。今橋城の城主は牧野古白だが、このとき彼は今川氏親に従っていて、築城を統括したのは大名の今川だった可能性が高いのである。

駿河の守護の今川家では、当主の義忠《よしただ》が戦死したのち、その遺児の龍王丸《りゅうおうまる》（のちの氏親）と一門の小鹿範満《おじかのりみつ》が争い、内紛が続いていた。しかし成長した今川氏親は、母方の叔父にあたる*伊勢宗瑞《いせそうずい》（北条早雲《ほうじょうそううん》）の助けを得ながら、対立する小鹿範満を滅ぼして駿河の統一を果たし、さらに隣国の遠江に攻め入ってここを手中に収め、西の三河まで力を及ぼそうとした。そしてその最初の足がかりとして選んだのが、牧野古白のいる今橋の地だったのである。

この場所は東海道が通るとともに、豊川にも面していて、陸上と水上の交通の要《かなめ》にあたっていた。三河の入り口を押さえる場所としては絶好の地だったのである。そこで今川氏親は牧野古白と関係をつくりあげ、確固とした城郭を築くことにしたのだろう。牧野としても強大な大名である今川とつながることは、自らの勢力を保つためにも必要だという判断もあったのかもしれない。しかし今川の傘下《さんか》に入ることによって、今橋城やその周囲に今川の影響が及んでくることは避けられず、古白や牧野一門の面々も、しだいに危機感を覚えるようになっていったものと思われる。

伊勢宗瑞（?〜一五一九）――駿河の今川氏の部将として活躍したのち、伊豆を領する大名となり、相模を領国に加える。北条氏の始祖で、早雲庵と号したので、北条早雲とよばれる。

そして今川と牧野の関係は急速に悪化し、戦いが始まることになるのである。

◉――今橋落城

年明けて永正三年（一五〇六）の八月五日、今川氏親は奥平八郎左衛門入道《おくだいらはちろうざえもんにゅうどう》という武士にあてて書状を書き、近く三河に出陣するから協力するように求めた。「前に書状で申し遣わしたように、三河の人々に「合力《ごうりき》」するために、来たる十六日に軍勢を差し越すから、「田原」と連絡をとって兵を出すことが肝要だ」と書き出し、今川の軍勢が逗留している間に*細川に城を築き、*上野の通路がうまく通るように工夫することが大事だと指示を下している。奥平は奥三河の設楽郡を本拠とする武士だが、額田郡の方面にも勢力を広げていた。三河に軍勢を出すにあたって、以前から関係をもっていた奥平に具体的な指示を出したわけだが、今回の出兵は三河の人々に「合力」するためのものだとし、「田原」と協力しながら事を進めるようにと奥平に命令していることは注目すべきである。

この「田原」は田原を本拠としている戸田憲光《とだのりみつ》のことだろう。戸田は今川とつながっていて、今川の側も今回の出兵は戸田を含む三河の人々を救うためのものだと表明していたのである。まもなく今川の軍勢は三河に攻め入り、今川氏親も自身出陣、叔父の伊勢宗瑞も同道して軍勢を指揮した。九月二十一日のこと、伊勢宗瑞は信濃《しなの》（長野県）の*小笠原定基《おがさわらさだもと》にあてて書状を書き、三河の状況を伝えたが、そこに

細川――現在の岡崎市細川町。矢作川の東にある。

上野――現在の豊田市上郷（かみごう）町。矢作川の西にある。

小笠原定基（?～一五一一）――松尾城（長野県飯田市）を本拠とした松尾小笠原氏の当主。

は「田原弾正に合力するため、氏親が出陣し、私も従いました」「今橋の要害《ようがい》は悉く引き破って、本城の*堀岸《ほりきし》まで出て陣取っています。去る十九日の卯《う》の刻《こく》に*端城《はじろ》に押し入って、これを乗っ取りました」と書かれている。田原の戸田憲光に「合力」するために三河に出陣したのだと、ここでも強調されているのである。

宗瑞の書状にみえるように、九月十九日には今橋の端城が陥落し、本城の堀岸まで軍勢に迫られる状況になっていた。十月十九日にも宗瑞は小笠原に書状を出しており、そこには「当地（今橋）のことですが、今日か明日には決着がつくと思います」と書かれていた。今橋城は敵に囲まれながら百日あまりもちこたえ、北の*石巻城も敵に攻められながら簡単には落城しなかった。しかし城方の不利はいかんともしがたく、十一月三日の夜、牧野古白は討死を遂げ、一門の多くもこれに従った。

牧野一門の中核として、一代で大きな勢力を築きあげた牧野古白は、文化的素養も深く、*連歌師《れんがし》の*宗長《そうちょう》と親しく交わっていた。古白戦死の報はまもなく宗長のもとにも伝わったものと思われるが、その恩を深く感じていた宗長は、古白の一周忌の日に、自ら*百韻《ひゃくいん》の連歌を作って*廻向《えこう》した。このときの連歌の内容は今に伝えられているが、その冒頭に「永正三年十一月三日夜、牧野古白禅門、子孫六七十人討死す」と書かれていて、古白の命日がわかる。牧野古白をはじめとして子孫が六七十人も討死し、牧野一門は大きな打撃を受けたのである。

堀岸——堀のそばの切り立ったところ。

端城——中心となる城のまわりに築かれた出城。

石巻城——石巻山城にあたるか。石巻山（豊橋市石巻町）の山頂に城跡がある。

連歌師——連歌とは和歌の上の句と下の句に相当する五七五の長句と七七の短句を交互に唱和する文芸である。連歌に熟達した連歌師は人々から尊敬された。

宗長（一四四八～一五三二）——駿河の宇津山の麓に柴屋軒（さいおくけん）という庵をもち、京都近辺と駿河の間を往復しながら連歌を詠んだ。

百韻連歌——長句と短句をあわせて百句ある連歌。百句を冊子に記して残すことが多かった。

廻向——死者の成仏を祈ること。

◉——戸田憲光の反抗

今橋城を陥落させた今川氏親は、さらに西に進んでいった。年次は明らかでないが、十月十九日づけの氏親の書状（灯明坊《とうみょうぼう》あて）に「今月二十四日に*伊奈《いな》の要害を陥落させた」とあるから、伊奈にあった要害も今川軍によって攻め落とされたことがわかる。ところがこのあと今川軍は思いがけない困難に直面する。*安城《あんじょう》の松平信忠《まつだいらのぶただ》やその一門が今川の進軍を阻止し、結局今川軍は敗れて退却してしまう。三河の東端にあたる*舟形山《ふなかたやま》の城は確保して軍勢を置くことになったが、三河の国内を支配しようという試みは失敗に終わったのである。同じ時期に遠江で反乱が起きていて、三河にかかわっている場合ではなくなったのも、氏親が三河から手を引いた事情の一つだった。

前に見たように、田原の戸田憲光は牧野と争い、今川に救援を求めていた。今川軍の進攻は戸田にとって勢力挽回《ばんかい》の絶好の機会だったわけで、今橋城の陥落によってその可能性は高まった。しかし頼みにした今川軍が敗れて撤退したため、戸田憲光は望みを果たせず、しだいに今川に対する不満を抱くようになっていった。この当時、憲光は遠江西端の*浜名御厨《はまなのみくりや》を知行《ちぎょう》していたが、代官をつとめていた斎藤が*大福寺のそばの山に乗り込んだことが問題とされて、今川氏から咎められ、結局はこの所領を没収された。戸田氏の勢力が遠江まで及んでいたことは注目すべきだが、

伊奈——現在の豊川市伊奈町。

安城——現在の安城市安城町。安城城は松平氏の居城だった。

舟形山城——普門寺（豊橋市雲谷）の北の裏山に城跡がある。船形山城。

浜名御厨——浜名神戸ともいう。現在の静岡県浜松市北区三ヶ日町にあった神宮の荘園。

大福寺——現在の浜松市北区三ヶ日町福長にある真言宗の寺。

地域の寺院などと争いを続ける中で、今川の命令でせっかく手にした権益も失うといった状況になっていたのである。

はじめは今川に従っていた戸田憲光も、こうしたことが重なる中で不満をつのらせ、やがて決起に及ぶことになる。今川の兵が守備していた舟形山の城を攻め落としたのである。このことは連歌師の宗長の手記に書かれていて、「田原弾正忠と諏訪《すわ》信濃守《しなののかみ》らが、牢人衆《ろうにんしゅう》を集めて、舟方（舟形）の城を討ち落とし、城守《じょうしゅ》の多米《ため》又三郎《またさぶろう》が討死した」とそこにはみえる。多米又三郎は舟形山の北にある*多米の武士で、命により城を守っていたのだろう。

この戦いの時期は明らかにできないが、前後の事情からみて永正十四年（一五一七）の始めのころのことかと思われる。戸田憲光の決起は成功するが、拠点を奪われた今川の側がだまっているはずもなく、まもなく軍勢が派遣されることになる。三月十日のこと、今川氏親は小笠原定基あての書状の中で「田原弾正兄弟は、数年にわたってこちらに援助を頼んできたので、何度も合力してやったのだが、近年は敵とつながっている。前代未聞のことなので、討伐の兵を出すつもりだ」と決意を述べている。そして遠江*懸川城《かけがわじょう》の*朝比奈泰以《あさひなやすもち》の軍勢が舟形山に攻め込み、戸田憲光は敗れ去った。宗長の手記には「朝比奈泰以は時を移さず浜名の海を渡って、城を攻め落とし、数輩を討ち取って、さらに奥郡の中まで攻め込んで、懸川城に帰った」と書かれている。

多米——現在の豊橋市多米町・多米東町・多米中町・多米西町。

懸川城——掛川城。現在の静岡県掛川市に所在。今川氏が築き、重臣の朝比奈氏が守った。江戸時代には掛川藩主の居城として栄えた。

朝比奈泰以——懸川城主朝比奈泰熙の弟で、兄の死去により城主となる。舟形山の戦いののち、泰熙の子の泰能に家督を譲って隠居した。

舟形山城を陥落させた朝比奈の軍勢は、そのまま「奥郡」（渥美半島）に攻め入ったと手記にみえるが、このことをうかがわせる文書も残されている。大窪の長興寺《ちょうこうじ》に所蔵されている永正十五年正月三十日の戸田政光《とだまさみつ》の判物である。長興寺にあてて出されたもので、「今度駿河衆が郡内へ乱入したときに、雑人《ぞうにん》たちが御寺に対してよくないことをしたというのは、申し訳ありません。私のほうから何度か申し上げたところ、がまんしてご理解いただき、かたじけなく思います。今後はきちんと申し付け、玉栄《ぎょくえい》様の証文や、祖父全久《ぜんきゅう》の置文《おきぶみ》の通りに、相違のないようにします」ということが書かれているが、「駿河衆」が郡内（渥美郡内）に乱入してきたこと、そのときに戸田の配下の雑人たちが長興寺に乗り込んで濫妨狼藉を働いたことがここからわかるのである。

今川軍が攻め込んできたのは永正十四年から十五年にまたがる冬の頃で、軍勢が去っておちついた頃になって、戸田からこうした証文（詫状《わびじょう》）が寺に出されたのだろう。この判物の差出人は「田原左近尉《さこんのじょう》政光」で、戸田憲光から政光に代替わりしていたことがわかる。「祖父の全久」という文言がみえるから、政光は戸田宗光（全久）の孫にあたり、確証はないが憲光の子息と考えるのが自然であろう。

舟形山の戦いで敗れた戸田憲光の運命については、史料がなくよくわからない。ここで戦死したという伝えもあるが、敗れて田原に戻り、今川軍の攻撃を受けて降伏したのち、子息の政光に家督を譲って引退したのかもしれない。戸田憲光の反抗は失敗に終わり、田原まで今川軍に攻め寄せられて、結局戸田が降伏して一件落着となったものと思われる。滅亡の危機は免れたが、戸田氏もかつての牧野と同じように、大きな挫折を経験したのである。

◉――牧野一門の復権

今川の軍勢が戦い敗れて撤退し、田原の戸田氏も今川に反抗して鎮圧される中で、いったん滅亡に瀕した牧野の一門は各地で復権を遂げ、大きく勢力を広げることになった。永正十四年（一五一七）の十一月、若一王子《にゃくいちおうじ》（現在の*久保神社）の宝殿が造営されたが、そのときの棟札には願主として「時の地頭《じとう》牧野平次」の名がみえる。さらに永正十七年（一五二〇）のころのものと思われる*八幡《やはた》の*八幡宮《はちまんぐう》の造営にかかわる*奉加帳《ほうがちょう》に、牧野一門が多く顔を出している。

奉加帳は何点かあるが、最も長く多数の名前が列記されている奉加帳の冒頭に「平信成《たいらののぶなり》」がいて、*三百疋《さんびゃっぴき》を奉加している。これはのちの史料に登場する牧野田三《でんぞう》信成だろうが、「今橋・大崎」と注記があって、当時信成が今橋と*大崎を領していたことがわかる。これに続く「成敏《しげとし》」は牧野田兵衛尉《でんびょうえのじょう》成敏で、五十疋を奉加しているが、注記から*六角《ろっかく》と*千両《ちぎり》を領していたことがわかる。さらにこの奉加帳の後半部分にみえる「貞成《さだなり》」には「牧野右馬允《うまのじょう》殿」という注記があり、五十疋を奉加していることが知られる。このほか別の奉加帳に、牧野藤太郎守成《とうたろうもりなり》（一貫二百文を奉加）、

久保神社――現在の豊川市久保町に鎮座。

八幡――現在の豊川市八幡町。

八幡宮――八幡町本郷に鎮座。国府の祭典を司り、国分寺を鎮護したという。

奉加帳――社寺の造営などのために財物を寄進することを奉加という。奉加した人の名前と寄附額をまとめて記した奉加帳が作られた。

三百疋――一疋は銭十文にあたるので、三百疋は三千文（三貫文）。

大崎――現在の豊橋市大崎町。

六角――現在の豊川市六角町。

千両――現在の豊川市千両町。

牧野甚八郎《じんぱちろう》成長（二十疋を奉加）、牧野喜三郎成安（五十疋を奉加）といった牧野の一門が名を連ねている。

　奉加帳にみえる多くの人々のうち、牧野一門であることが確定できるのはこのくらいだが、「牧野」と明記されていなくても名乗りなどからそのように推測できるものもかなりあり、この時期には東三河の各地で牧野一門が復権を果たしていたことがわかる。奉加している銭の額から所領の規模を推測することもできるが、牧野信成は格段に多い三百疋（三貫文《かんもん》）を奉加していて、しかも牧野古白の居城であった今橋を領しており、牧野の惣領《そうりょう》として一門を束ねていたものと推測できる。のちにみる宗長の手記から信成は古白の孫であったことがわかるから、今橋陥落の際に命を全うした田三信成は、雌伏《しふく》ののちに復権を果たし、かつての本拠であった今橋に戻ることになったものと思われる。

　数年後の大永《たいえい》二年（一五二二）五月、連歌師の宗長は駿河から京都に向かって旅をして、その途中に三河国を通っている。宗長一行の行程は彼が残した手記に書かれているが、遠江から「*本坂《ほんさか》」を越えて西郷の宿所に入り、*勝山《かちやま》の熊谷越後守《くまがやえちごのかみ》の館で連歌を興行し、そのあと「*本野《ほんの》が原」という野原を通って、八幡の近くの牧野四郎左衛門尉の宿所に泊り、ここでも連歌会を開いている。ちょうど三河では戦いが続いていたので、このあとは陸路を進むことができず、宗長一行は船に乗って*水野《みずの》和泉守《いずみのかみ》のいる苅屋《かりや》（*刈谷）に赴いている。

本坂——本坂峠のこと。本坂道（姫街道）の峠で、豊橋市嵩山町と浜松市三ヶ日町の境にある。

勝山——現在の豊川市三上町（かつての三渡野村）に勝山城があったという。

本野原——現在の豊川市本野町のあたりにあった原。

水野和泉守——実名は近守。宗長が三河を通るときにはいつも水野和泉守のところに泊った。

刈谷——現在の刈谷市城町とその周辺。

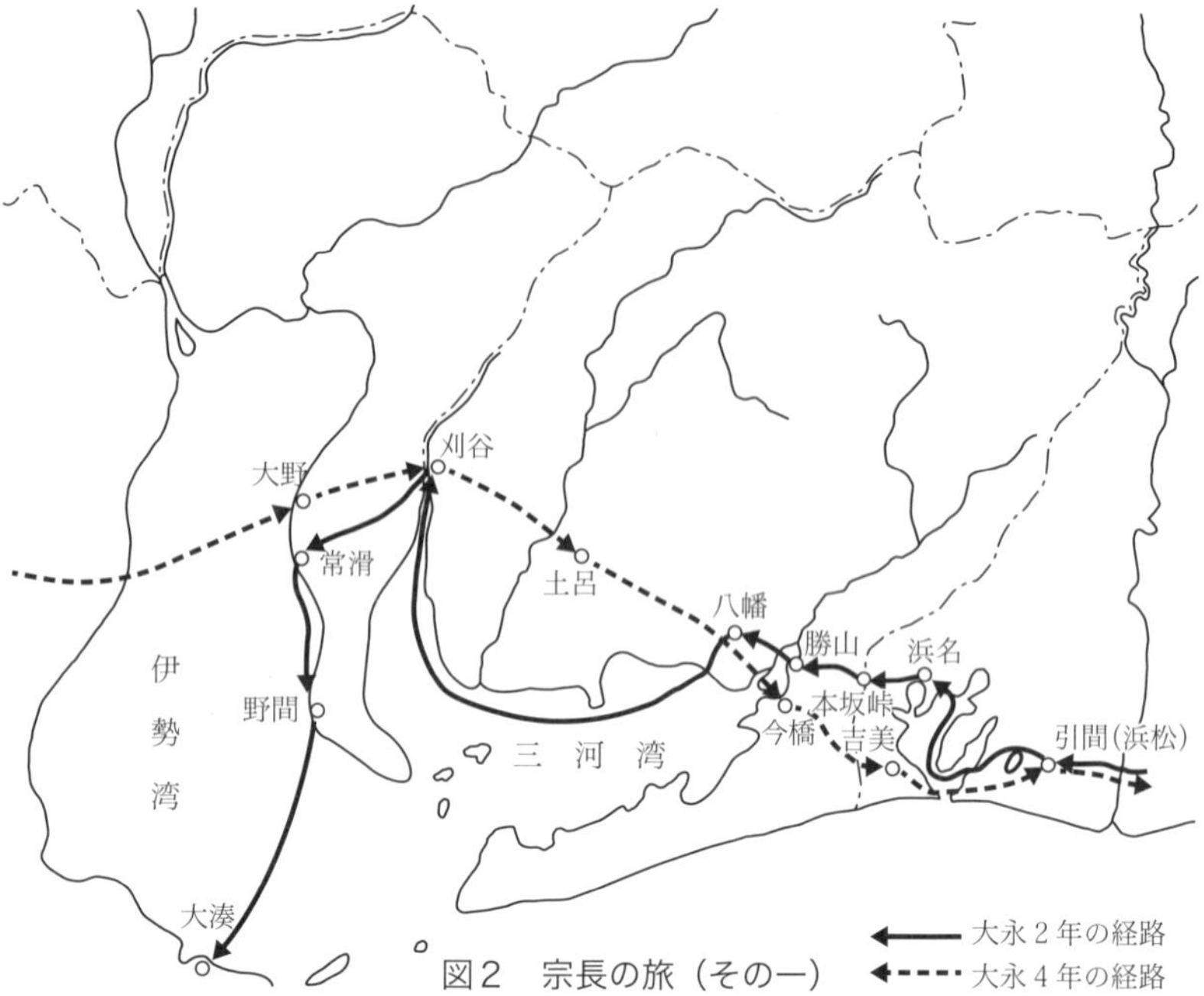

図２　宗長の旅（その一）

二年後の大永四年、宗長一行は京都から駿河に旅をして、やはり三河を通り、途中で今橋の牧野信成のもとに立ち寄っている。伊勢から船に乗って、六月七日に尾張国知多郡の大野*に泊まり、翌八日に三河国苅屋の水野和泉守の宿所に一泊、そのあと土羅*（土呂《とろ》）の一向堂《いっこうどう》に逗留して、十日に今橋の牧野田三（信成）のところで一宿したとみえる。その二年後の大永六年には逆に駿河から京都に向かって進んだが、遠江から三河に入る際に、今橋の牧野田三がわざわざ兵士を国境に遣わして、宗長を迎えてくれている。このあと宗長は今橋で一日を過ごすが、勝山の熊谷越後守が来て、夜更けまで語り合っている。さらに宗長は牧野平三郎の「猪名《いな》」というところに一宿し、そのあと松平大炊助《おおいのすけ》の宿所（深溝《ふこうず》）に行って連歌会を開いた。伊奈には牧野平三郎という一門がいたのである。

　翌年の大永七年にも宗長は三河を訪れ、伊奈と今橋に宿泊している。尾張から三河に入り、刈谷・安

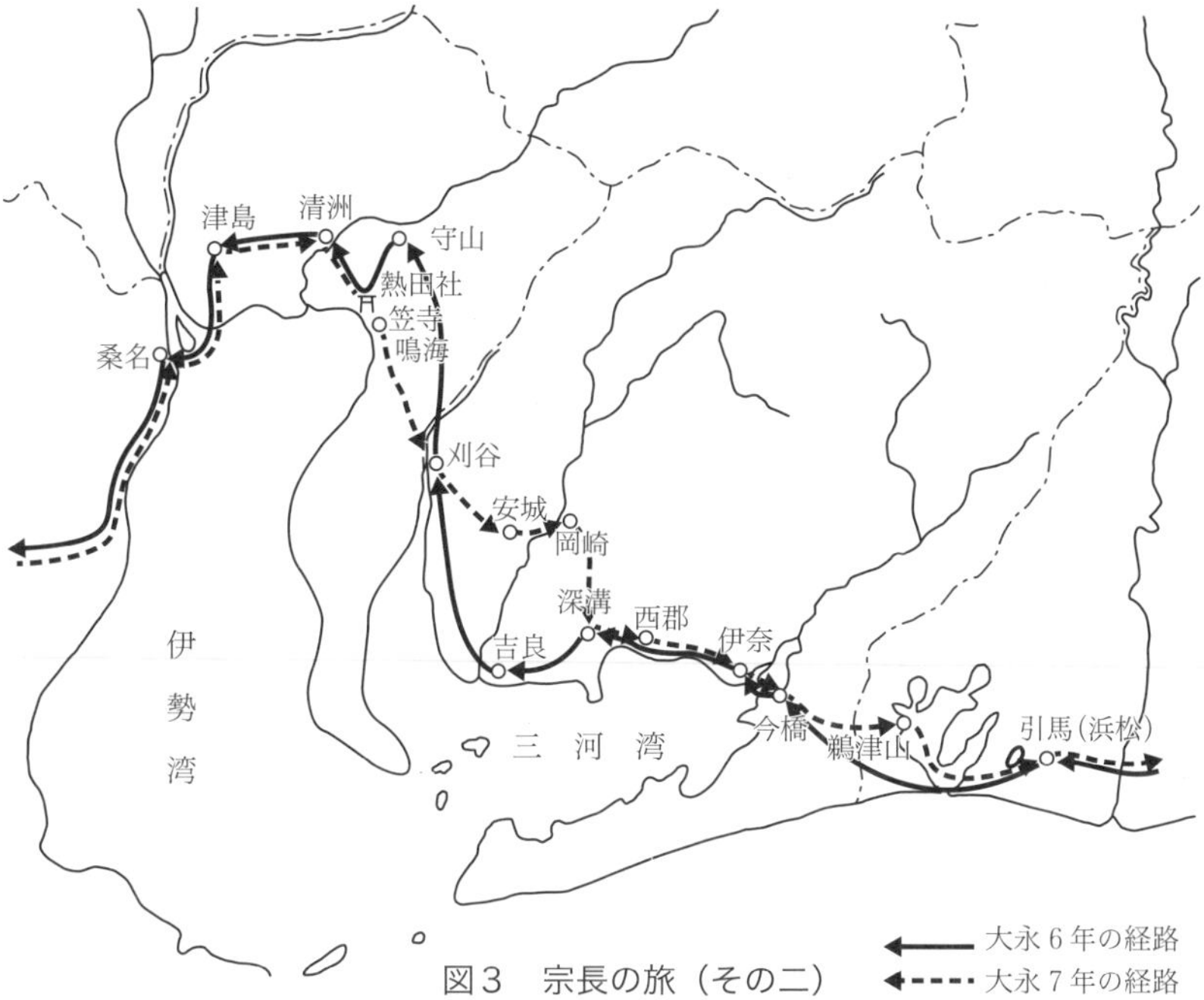

図３　宗長の旅（その二）

城・岡崎・深溝・西郡《にしのこおり》と進んだ宗長は、西郡から「井奈という牧野平三郎の家城」に行ってここに一日逗留し、連歌会を興行《こうぎょう》した。このとき宗長が詠んだ*発句《ほっく》「卯の花や波もてゆづる興津島《おきつしま》」は、「わだつみのかざしにさせる白妙《しろたえ》の波もてゆづる淡路島山《あわじしまやま》」という古歌《こか》をもとにして、海に面した城の光景を詠みあげたものだった。そのあと牧野田三のいる今橋に赴いた宗長は、ここでも連歌会を催して「今日さらに五月《さつき》まつ花の宿りかな」と発句を詠んだ。

今橋の牧野信成（田三）と伊奈の牧野平三郎は、宗長の手記になんどもその名をみせる。牧野信成は今橋と大崎を領していたが、大永五年の六月に八幡《やわた》の内の二十貫文を八幡宮に寄進しているから、八幡のあたりにも所領を持っていたことがわかる。また一門の有力者である牧野民部丞《みんぶのじょう》成勝は、享禄《きょうろく》元年（一五二八）三月に若一王子社（現在の熊野神社*）に田畑五町八反分を寄進、天文三年（一五三四）四月には若宮八幡宮（現在の牛久保八幡社*）に「牛窪《うしくぼ》郷内」の「本所方」五貫文の地を寄進し、天文五年十一月にも八幡郷内の本所方五貫文の地を八幡宮の禰宜《ねぎ》に寄進している。牛窪から八幡に至る一帯に牧野成勝は勢力を広げていたものと思われる。また先にみた奉加帳にみえる牧野成敏(田兵衛尉)も天文五年十一月に八幡八幡宮の禰宜に所領を寄進していて、六角や千両だけでなく八幡のあたりにも力を伸ばしていたようである。さらに同年十二月に牧野三郎次郎儀秀《のりひで》という武士も八幡宮に田地を寄進している。多くの牧野一門が八幡の八幡宮にかかわっていたのである。

●——戸田氏の勢力拡大

今川に抵抗して決起したものの、結局敗れて本拠の田原の近くまで軍勢に攻め込まれ、戸田氏は大きな挫折を経験したが、なんとか滅亡をまぬがれ、その命脈を保つことができた。そして苦難を克服した戸田氏の一門は、それ以前にもまして地域の支配を推し進め、その勢力を広げていく。

戸田氏の本拠は田原城だったが、渥美郡の「*郡代《ぐんだい》」の地位をよりどころにしながら、東西にその力を伸ばしていった。渥美郡は東西に細長い郡で、郡衙のあった北部(現在の豊橋市街)から、西南の半島突端の伊良湖まではかなりの距離があるが、戸田氏はこの広い地域一帯にその支配を及ぼしてゆくのである。

渥美半島の東部、*表浜《おもてはま》にあった東観音寺《とうかんのんじ》は、古代以来の由緒ある寺院だが、田原

大野——現在の常滑市大野町。

土呂の一向堂——現在の岡崎市福岡町にあった本宗寺(ほんしゅうじ)。浄土真宗で、本願寺に従い活動した。

発句——連歌を行うときに最初に出される五七五の句。

熊野神社——現在の豊川市下長山町に鎮座。

牛久保八幡社——現在の豊川市牛久保町に鎮座。

郡代——郡の領主(地頭)の代官として実際の支配にあたる役職。

表浜——伊良湖から浜名湖に至る海岸を表浜という。東観音寺はかつて海岸のそばにあり、江戸時代の宝永四年の津波被害で段丘上の現在地に移った。

の戸田氏の力はここまで及び、その関係者が寺の中に入って、いろいろな役を懸けたりするようになった。もともと東観音寺と寺領の三か村は、地域権力の介入を許さない「不入《ふにゅう》」の権利を持っていたが、新興勢力の戸田と、これにつらなる人々によって、こうした権益がおびやかされる危機に直面したのである。そしてこうした状況を打開するために、東観音寺の僧侶たちは地域の支配者に訴えて、戸田の介入を阻止しようと試みるに至る。

大永五年（一五二五）の十一月、寺の訴えを受けて「直秀《なおひで》」という人が証文を作成し、東観音寺と寺領の三ケ村が不入であることを認めているが、この証文の宛先は東観音寺ではなく、「戸田孫四郎」だった。田原の戸田氏の当主と思われる戸田孫四郎宗光にあてて直秀の判物は出されていて、そこには「東観音寺は昔から不入と決められているので、末代まで寺領とともに不入ということにするから、このことに背いてはならない」と書かれていた。不入権を認める証文が作られるときは、その権利をもつ寺院などを宛名とするのが普通だが、この場合はそうではなく、不入権をおびやかしかねない人物に対して、「ここは不入だから、そのように心得よ」と命令する形をとっているのである。

この証文を出した「直秀」が誰か、確証はないが、おそらく一色氏の一門で、戸田宗光の主君筋にあたる人だったと思われる。戸田の介入を阻止するために、東観音寺は戸田の主人から証文をもらうという手段をとったのである。このあと寺の関

写真3　戸田宗光の判物（東観音寺所蔵）

赤羽根――現在の田原市赤羽根町。
巌王寺――曹洞宗の寺で、戸田政光が開いたと伝えられる。

係者が田原に赴いて、戸田宗光にこの証文をみせ、寺内と寺領は不入だから乗り込まないようにと迫ったものと思われる。そして寺側の訴えを受け入れた戸田宗光は、「東観音寺は昔から不入の地だから、私の子々孫々《ししそんそん》に至るまで、ここには立ち入りません」と書いた判物を渡した。大永六年六月のことである。

これにさきだつ正月にも戸田宗光は東観音寺に判物を出していて、「郡代の警固《けいご》のことは停止《ちょうじ》する。もしもそれでもそちらにまかり越して、あれこれする者がいたら、召し捕えて、その名前をこちらまで連絡するように」と指示している。郡代である戸田の手下の者たちが、「警固」だといって寺の中に入り込むということが起きていて、寺側の要請に応えて戸田がこれを禁止する証文を渡したということだろう。このように東観音寺の努力によって戸田とこれにつながる人々の介入はある程度阻止されたが、こうしたことをしなければならなくなるほどに、戸田の力はこの地域に強く及ぶようになっていたということができるだろう。

同じく大永六年の十一月、戸田政光（左近尉）が赤羽根《*あかばね》の巌王寺《*ごんのうじ》に郷内の地を寄進している。政光はまだ存命で、赤羽根のあたりに勢力を持っていたようである。田原の西にあたる赤羽根の地も戸田氏の支配下にあったことがわかるが、のちにみる戸田宗光や同族の戸田宣成《のぶなり》の証文から、宗光の父にあたる「戸田弾正左衛門」が赤羽根に関所《せきしょ》を作ったことが知られる。この「戸田弾正左衛門」は戸田弾正忠憲光の可能性もあるが、宗光の先代にあたる戸田政光が赤羽根を領していたことから考

青津村——現在の田原市神戸町の一部。
伝法寺——現在の田原市神戸町にある曹洞宗の寺。
徳政——徳政とは人々に恩恵を施す政治という意味。中世の支配者は政治を刷新するために、それまでの売買や貸借関係を帳消しにする徳政令を出すことが多かった。

えて、関所を作った「弾正左衛門」は政光なのではないかと思われる。

享禄元年（一五二八）八月、大津（老津《おいつ》）の大平寺にあてて戸田宗光が寄進状を出しているが、「今回田地の「踏み出し」がみつかったけれども、熱心に「詫び言」をされたので、「新寄進」ということにして、前々のように寺に付け置くことにする」と、ここには書かれていた。戸田が太平寺の所領の調査をしてみたら、いままで判明していなかった田畠がみつかった。本来なら没収してもいいところだが、お願いされたので、こちらから新たに寄進するという形にして、これまで通りの所領支配を認めてやる、というわけである。戦国大名の多くは領国の中の田畠を調査する検地を実施したが、戸田氏も同じようなことをしていたのである。

渥美半島の全域に力を伸ばした戸田氏は、地域の統治者として自らを位置づけ、寺院の振興などにもかかわるようになる。先にみた東観音寺は、この地域屈指の名刹《めいさつ》だったが、建物も古くなり、造営を必要としていた。そして田原の戸田氏は、この造営費用をまかなうために、赤羽根の関所を寄進したのである。関所を作ったのは戸田弾正左衛門（政光か）で、そのあと戸田橘七郎《きつしちろう》宣成が譲りを得て知行していたが、天文五年（一五三六）の六月、宣成は東観音寺あてに証文を書いてこの関所を寄進し、惣領にあたる戸田宗光も別に証文を書いてこのことを認めた。

同じ年の十二月、田原に近い*青津村の百姓が*伝法寺《でんぽうじ》に田地を売り、証文が作られたが、この証文の末尾には「もしも天下一同の御*徳政《とくせい》、あるいは田原殿の御徳政があったとしても、この土地については関係のないことにします」と書かれていた。時の権力者がそれまでの政治を一新するために「徳政」を発令することがあり、これが適用されると買主《かいぬし》（ここでは伝法寺）の権利が侵されかねないので、こうした一文を書き載せたのだろうが、ここに「田原殿の御徳政」と書かれていることは注目に値する。田原の戸田氏は「徳政」を出すこともありうる地域権力だと、人びとから思われていたのである。

●――戸田一門の攻勢

宝飯郡（西郡をのぞく）の一帯に勢力を広げ、豊川を越えて今橋も押さえた牧野氏一門と、渥美半島全体を支配下におき、東に力を伸ばした戸田氏の一門。両者は同じ時期にめだった成長を遂げたが、やがて境目の地域の支配をめぐって争いあうようになる。戦いは戸田が優勢で、牧野は今橋や伊奈といった拠点を失ってしまう。

天文十三年（一五四四）の暮れ、*宗牧《そうぼく》という名の連歌師が三河を通り、牧野の一門が応対にあたった。宗牧は西郡の地で*鵜殿《うどの》氏《し》などの歓迎を受け、連歌会を催したが、*富永の菅沼織部《すがぬまおりべ》に招かれて、西郡を出発して東に向かった。まず大塚に出たが、ここで牛久保からの迎えの人々が来た。そして「牧野平四郎」らがやってきて、「牧野田三郎」は*豊川の寺で待っていると伝えたので、宗牧はそこまで行く。長老も出座して豪華な接待があり、酒宴となった。ただいつまでも滞在はできないので、宗

宗牧（?～一五四五）――谷宗牧。宗長や宗碩に連歌を学び、二人の死後は連歌界のリーダーとなる。三河を通って関東に赴き、『東国紀行』という紀行文をまとめた。

鵜殿氏――西郡を拠点とした一族で、紀伊国牟婁郡鵜殿（三重県南牟婁郡紀宝町）の出身と伝えられる。

富永――現在の新城市豊栄とその周辺にあたるか。

豊川の寺――現在の豊川市豊川町にある曹洞宗の三明寺のことか。

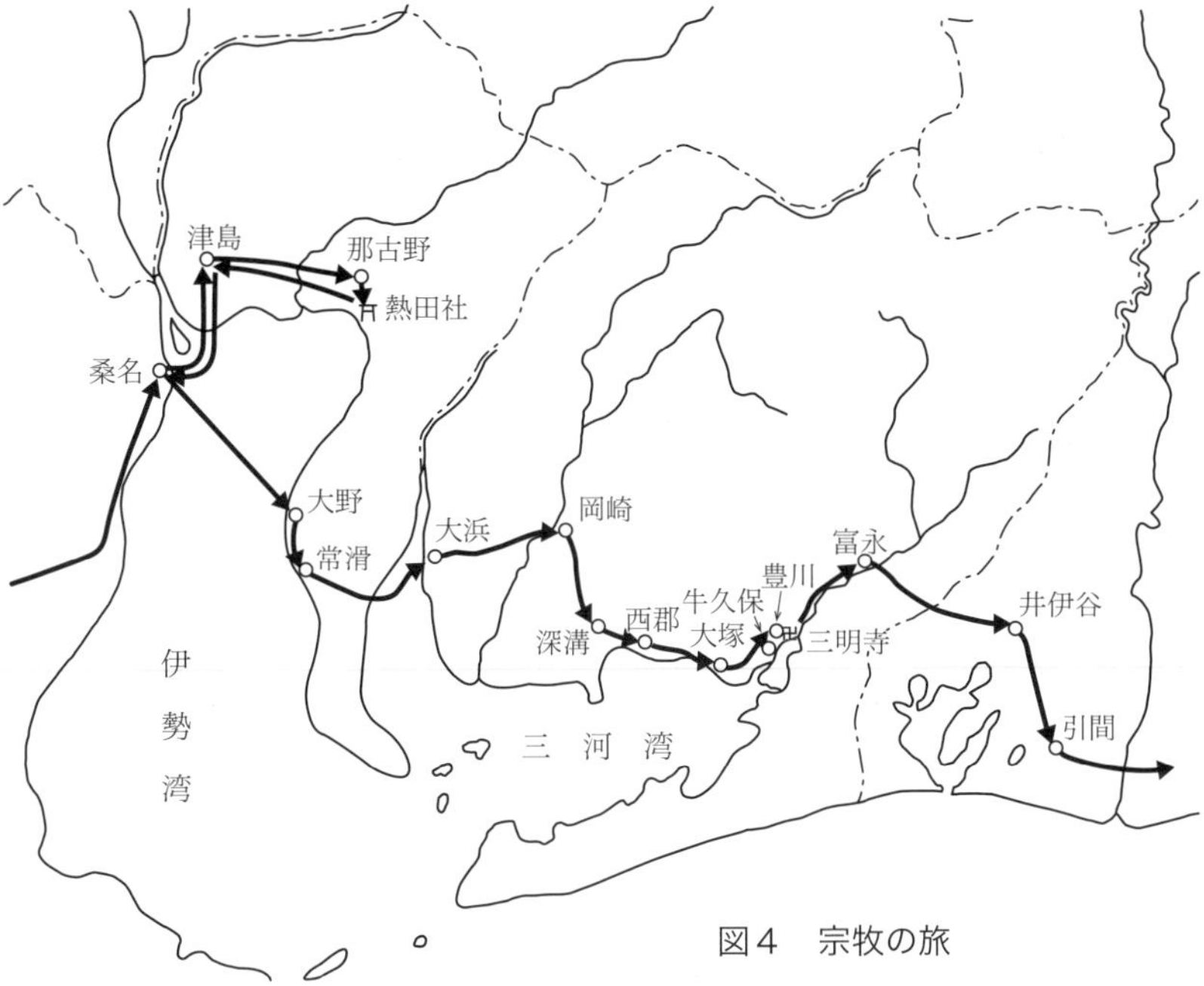

図４　宗牧の旅

牧は酒宴の半ばで出発、牧野平四郎・平三郎などの一門が富永の近くまで送ってくれた。宗牧は旅のようすをこう書き残している。

ここにみえる「牧野田三郎」は、のちに登場する牧野田三郎保成《まきのでんざぶろうやすなり》にあたる。牧野田三信成から田三郎保成に惣領家の当主は変わっていた。確証はないが、牧野保成は信成の子息とみていいだろう。父親と同じように連歌師の応対にあたっていたが、その場所は前とは違っていた。父の信成は本拠の今橋で宗長を迎えたが、保成は豊川で宗牧に会っているのである。のちにみるように、天文十五年の段階で今橋を戸田が確保したことは明らかだから、二年前のこの時点で、牧野氏はすでに今橋を失っていたものと考えられるのである。

今橋と同じく宗長がよく訪れた伊奈も、本田《ほんだ》縫殿助《ぬいのすけ》という武士に奪われ、牧野一門の手から離れていた。今橋城を失って、豊川以東から後退せざるを得なくなり、また海に面した伊奈などの村々も、戸田やこれにつながる勢力に浸食されていたのである。

伊奈の隣の小坂井や、海沿いを南に進んだところにある牟呂や大崎が、この時期戸田氏に押さえられていたことを示す史料も残されている。地域の神社に伝わる棟札に「願主」や「大檀那」として戸田一門の名がみえるのである。まず天文十年（一五四一）十一月、大崎の八幡宮建立の際の棟札に「願主戸田三郎右衛門尉宣成」がみえる。かつて赤羽根の関所をもっていた戸田宣成は、大崎の領主でもあったのである。また天文十一年三月の牟呂郷八幡宮上葺の棟札には「大檀那」として「藤原堯光《たかみつ》」がみえ、天文十三年二月の*渡津《わたつ》*横洲村《よこすむら》の医王善逝宝殿《いおうぜんせいほうでん》（現在の*進雄神社《しんゆうじんじゃ》）建立時には「戸田孫四郎」が「大檀那」だった。さらに天文十四年十二月の小坂井菟足大明神宝殿造営の棟札には「領主藤原朝臣堯光」と記されていた。三点の棟札に「大檀那」「領主」として名前を出しているのは、戸田孫四郎堯光で、宗光の後継者（おそらくは子息）にあたる。天文十三年十二月には太平寺の不入を認める判物を出しているから、このころには戸田惣領家の家督を相続していたものと思われる。

戸田氏の家督を継いだ戸田堯光は、小坂井・横洲・牟呂とつながる、三河湾に面した郷村を地頭として領有し、一門の戸田宣成は、牟呂の南の大崎を支配していた。伊奈に入った本田縫殿助も田原近辺を本拠とする武士で、戸田の配下だった可能性が高い。戸田氏やこれにつながる人々は、田原から海を渡って、三河湾北岸の郷村をつぎつぎと手に入れていたのである。

渡津——現在の豊川市小坂井町・平井町や豊橋市横須賀町を含む一帯を渡津郷といった。

横洲村——現在の豊橋市横須賀町。

進雄神社——現在の豊橋市横須賀町に鎮座。

三　今川軍の侵攻と東三河

◉——牧野保成の要望

牧野氏と戸田氏が勢力を伸ばしていたころ、駿河と遠江を領する今川家では世代交代がなされていた。今川氏親は大永六年（一五二六）に死去し、長子の氏輝《うじてる》が跡をついだが、十年後の天文五年（一五三六）、氏輝は二十四歳の若さで死去してしまう。子息はいなかったので、弟で僧籍にあった玄広慧探《げんこうえたん》と栴岳承芳《せんがくじょうほう》の二人が後継者候補として表に出され、激しい戦いが展開されたが、結局栴岳承芳が勝利を収めて家督をつぐことになり、還俗して*今川義元《よしもと》と名乗る。まだ十八歳の青年だった。

家督継承をめぐる戦いの中で、東隣の大名である*北条氏綱《ほうじょううじつな》が味方してくれたことが、義元が勝利を収めた大きな要因だった。ところがこれを契機に北条の力が及んでくるのを警戒した義元は、外交方針を一転して、甲斐《かい》（山梨県）の*武田信虎《たけだのぶとら》と同盟を結んだ。北条氏綱は義元の行動に反発して駿河に攻め入り、これから今川と北条の戦いが長く続くことになる。富士川以東の一帯をめぐって、両者のにらみあいは十年に及んだが、天文十四年（一五四五）に義元はこの地域を手に入れることに成功し、北条氏（*北条氏康《うじやす》）との和睦も果たした。

今川義元（一五一九～六〇）——駿河・遠江を治め、三河に領国を広げて、戦国大名今川氏の全盛期を築く。今川仮名目録の追加部分を制定した。

北条氏綱（一四八七～一五四一）——伊勢宗瑞の子で、はじめて北条を名乗る。相模の小田原を拠点としながら、武蔵方面に領国を広げた。

武田信虎（一四九四～一五七四）——甲斐守護武田氏の当主で、国人たちと戦いながら国内統一を実現。子の晴信によって追放され、しばらく駿河で生活した。

北条氏康（一五一五～七一）——氏綱の子。伊豆・相模・武蔵を中心に、下総・上総・上野にも領国を広げる。家臣団の所領と役高をまとめた帳簿を作成するなど、領国統治につとめた。

北条と和睦したことで東方の不安を解消した義元は、天文十五年（一五四六）、鉾先《ほこさき》を西に転じて、三河への侵攻に本格的に着手することになる。父親が果たせなかったことを自ら実現させようとしたのである。

戸田氏との争いの中で、苦境に立たされていた牧野氏は、今川軍の三河侵攻を自身の勢力挽回のまたとない好機ととらえ、早速行動を開始した。前述したように、牧野保成はかつての本拠の今橋を戸田氏によって奪われていたが、今川に従って忠勤を励むことを約束すれば、今橋の回復も夢ではないと考え、駿河の今川氏に対して、戸田氏が敵になったら今橋を自分に与えてほしいと申し出た。

しかしこの願いは聞き入れられなかった。今川の側にしてみれば、今橋は東海道の要地なので、三河支配の拠点として確保しておきたかったのである。ただ牧野を味方にすることは必要と考え、「豊川から西の地域で戸田が支配しているところは、すべてあなたに与える」と牧野に返答した。小坂井など宝飯郡内の三河湾岸の地域に戸田氏が勢力を伸ばしていたことは前に見たが、戸田が敵になったらこうしたところはみな牧野に与えると約束したのである。

こうした返答をもらったので、牧野もこれ以上言い続けることができなくなり、今橋の回復はあきらめることになる。しかしほかにも要求したいことがあったので、九月二十八日になって、牧野保成は長文の*条書《じょうしょ》を作って今川氏の重臣たちに提出した。その第一条には前に見たこれまでの訴訟と今川からの返答が書かれているが、

条書——箇条書きの書状。

「伊奈については本領なので、いうまでもないと思います」と書かれている。もしも戸田氏が敵対したら、豊川から西の戸田領は自分に与えられるという約束を確認したうえで、本領だった伊奈についても当然自分に与えてくれるものと考え、念を押しているのである。

この条書の後半には*長沢の松平氏の所領にかかわる要望が書き連ねられている。まず「長沢の松平が敵になったときには、その所領はすべて私にください。今橋がいただけなかったので、これで面目をほどこしたいと思います」と主張し、さらに「もしも長沢が味方になったとしても、*下条《げじょう》郷・和田郷・千両《ちぎり》上下・*大崎郷・*佐脇《さわき》郷上下・六角《ろっかく》郷の、合計で八百貫あまりについては、上使を遣わしてご糾明の上、こちらにいただければと思います」と続けている。下条郷以下の所領はおそらくかつての牧野一門の本領で、長沢松平氏によって奪われたという経緯をもっていたのだろう。もしも長沢が味方になったとしても、これらの所領を自分がもらう権利があると牧野保成は主張したのである。

この文書は駿府の義元のところまで提出され、*太原崇孚《たいげんそうふ》・*朝比奈泰能《あさひなやすよし》・朝比奈親徳《ちかのり》の三人が、文書の裏面に名前と*花押《かおう》を書いて文書を返却し、訴えが受理されたことを伝えた。この裏書には十一月二十五日の日付があり、「義元からとくに問題はないという回答が出たことを、今知ったので、すぐに花押を据《す》えました」と書かれている。九月末の段階では長沢の松平氏の去就《きょしゅう》は明らかでなかったが、このころ

長沢松平氏――現在の豊川市長沢町を本拠とした松平氏一門。この当時の当主は親広（ちかひろ）か。
下条郷――現在の豊橋市下条東町・下条西町。
大崎郷――現在の豊川市大崎町。
佐脇郷――現在の豊川市御津町上佐脇・下佐脇。
太原崇孚（一四九六～一五五五）――臨済宗妙心寺派の禅僧で、駿河の善得寺・臨済寺などの住持となる。今川義元の政治顧問として活躍した。
朝比奈泰能――遠江懸川城主で今川氏の重臣として活動。泰熙の子で泰以の甥。
花押――文書の発給者のサイン。署名の下に書くことが多かった。

には長沢が敵になることが確定していて、その所領すべてを手に入れたいという牧野の要望は、とりあえず受け入れられることになった。

◉――今川軍の今橋攻略

今橋と田原に拠点をもつ戸田氏も、今川に従わず抵抗する姿勢を明らかにしていて、十一月には今川の軍勢が三河に攻め入り、今橋城に押し寄せた。戦いのようすは戦陣にいた*天野景泰《あまのかげやす》がのちに義元からもらった感状からうかがうことができる。今川軍は今橋城の「小口（*虎口《こぐち》）」に攻め寄せたが、簡単に城に入ることはできず、天野には「了念寺」に移るようにと命令が出され、天野はここで守備にあたった。この「了念寺」は現在の*龍拈寺《りゅうねんじ》にあたるとみてよかろう。十一月十五日の辰の刻（午前八時頃）には城の外構《そとがまえ》が乗り崩されたが、天野は暗いうちから宿城《しゅくじろ》に乗り入れ、自ら奮闘して、一門や親類・被官などが負傷しながらも城方の兵士七名を討ち取る戦功をあげた。天野の働きは駿府の義元のもとに伝えられ、二十五日の日付で義元の*感状《かんじょう》が出されている。

城兵たちはよく守ったが、野々山甚九郎《ののやまじんくろう》のように今川に内通する武士もあらわれて、劣勢は覆いがたかった。結局城方が屈服して、今橋城は今川の手に入ったもののようである。天文十六年（一五四七）の六月、城近くの牛頭天王《こずてんのう》（現在の*吉田神社）の神輿《みこし》が造立されたが、このときの棟札には「大檀那《おおだんな》」として「源義元」の名

天野景泰――遠江犬居（浜松市天竜区春野町）の領主で、今川義元に従い活動した。

虎口――城の出入口。門に枡形を造り、曲がって出入りするようにした。

龍拈寺――現在の豊橋市新吉町にある曹洞宗の寺。牧野信成の創建と伝えられる。

感状――戦功などを賞して主君から与えられる文書。

吉田神社――豊橋市関屋町に鎮座。祭神は素盞嗚尊（すさのおのみこと）。

西郷谷——現在の豊橋市石巻萩平町・石巻平野町あたりの谷であろう。

尾奈——現在の浜松市北区三ヶ日町下尾奈・上尾奈。

比々沢——現在の浜松市北区三ヶ日町日比沢。

がみえ、重臣の太原崇孚が署名と花押を書いている。今橋城が接収された時期は特定できないが、このころには今川軍の押さえるところとなっていたことが確認できるのである。義元は出陣しなかったが、信任厚い重臣の太原崇孚が三河に来て軍勢を統括《とうかつ》していたのだろう。牛頭天王の神輿造営は、あらたな時代の到来を記念して企画されたものだったのかもしれない。

　長沢の松平氏も退去して、長沢城は今川軍の押さえるところとなった。長沢松平氏の所領はすべていただきたいと牧野保成は希望していたが、願いはある程度叶えられ、長沢の近くにいくらか所領をもらえたようである。そして牧野は長沢城の守備にもかかわることになる。八月二十六日のこと、太原崇孚は牧野保成にあてて書状を書き、「その口」と長沢に軍勢を分けて配置してほしいとたのんでいる。「その口」がどこかは確言できないが、牧野の拠点にあたる牛久保の可能性が高い。

　ところでこの三日後の二十九日、太原崇孚は牧野あてにまた書状を出して、近く今川の軍勢が*西郷谷《さいごうだに》に着く予定だから、それまで兵糧《ひょうろう》を確保しておいてほしいと頼んでいるが、「今橋へ弾・橘が入城したら、ここで商売をすることは難しいだろうから、こちらから*尾奈《おな》・*比々沢《ひびさわ》まで兵糧を届けるつもりだ。それが着くまでは、なんとか調法して兵糧を準備してほしい」という一文がその中にみえる。この「弾」「橘」というのは、戸田《とだ》弾正宗光《だんじょうむねみつ》と戸田橘七郎宣成《きつしちろうのぶなり》を指すとみられるから、戸田宗光と戸田宣成はこの時点で健在で、今橋城に入城する可能性も残されていたことがわかる。
今橋城の攻略がどのようにして実現したかは、史料が少なくよくわからないが、城主の戸田が討ち取られたわけではなく、交渉の結果戸田が今川に降伏する形で、とりあえずの決着がつけられたのではないかと思われる。戸田の力はあなどりがたく、簡単に滅ぼすことはできなかったのである。今橋城に戻ることはなかったが、戸田宗光は今川に従いながら生き残り、のちに岡崎の城将をつとめることになる。

●――田原城の攻防戦

今橋を守っていた戸田宗光は今川軍に降伏したが、田原にいる当主の戸田堯光《たかみつ》はあくまで対抗する姿勢をみせた。そして今川の軍勢が田原城に攻め寄せることになる。九月五日のことである。

この時の戦いに関しては史料がかなりあるので、その実態をうかがうことができる。まず戦いのあった九月五日に、今川軍の中にいた天野景泰が戦いで負傷した配下の武士や中間《ちゅうげん》*の名前を書き連ねた注文を作成している。二十人の名前がみえるが、それぞれの人ごとに、何によって疵《きず》をこうむったかが書かれていて、戦いのありさまをうかがうことができる。矢による疵（矢手）を負ったのが十五人、鑓疵《やりきず》（鑓手）を負ったのが四人、刀疵を受けたのが一人で、弓矢を中心とする戦闘だったようである。城にこもった兵士たちは、弓矢で防戦したのだろう。

中間――公家・武家・寺院などに仕えた従者で、侍の下の身分。武家の中間は戦いにも参加した。

この注文は太原崇孚のもとに届けられ、駿府で今川義元に披露《ひろう》された。九月十日、義元はこの注文の左奥の空間に「一覧《いちらん》しました」と書いて、自ら花押を据えた。そして太原崇孚は天野あての書状を書いてこのことを伝え、「感状は追って出されるでしょう。急いでいるので早々にお便りしました」と付け加えた。そして十五日になって義元の感状が天野景泰にあてて出されることになる。

この感状には「去る五日に、田原の本宿の門際《もんぎわ》で、被官《ひかん》の木下藤三・溝口《みぞぐち》主計助《かずえのすけ》・気多清左衛門が、前線に出て鑓を入れ、比類のない働きをしたということだが、神妙の至りで感じ入っている」と書かれていた。天野藤秀にも同日に感状が出されたが、ここでも田原本宿の門際での活躍を賞している。田原本宿の門の際で戦いがあり、天野の軍団はこの戦いに加わったのである。

九月十五日に出された義元の感状はほかにも残されている。松井惣左衛門《まついそうざえもん》にあてられた感状には「田原の大原構《おおはらがまえ》で、最前に鑓を合わせた」とみえ、御宿藤七郎あての感状には「田原において、舟蔵にかけつけ、一番に鑓を合わせた」と書かれている。本宿の門際だけでなく、大原構や舟蔵など、さまざまなところで戦いがあったことがわかる。

前に見た九月十日の天野景泰あて太原崇孚書状には、追伸部分があり、「松井殿とあなたがとりわけ粉骨されたと、みなが言っています。いつものことですが、高名《こうみょう》の至りです」と書かれている。「松井殿」(松井左衛門佐宗信《さえもんのすけむねのぶ》)もこの戦いで活

今川氏真（一五三八〜一六一四）——今川義元の子。駿河・遠江・三河を領する大名だったが、武田信玄に攻められて領国を失う。北条氏のもとに逃れ、ついで徳川家康を頼った。

躍したことがわかるが、このことについてはほかにも史料がある。松井宗信は永禄《えいろく》三年（一五六〇）五月の桶狭間《おけはざま》の戦いで戦死し、十二月に今川氏真《うじざね》＊が宗信の戦功を列記した判物《はんもつ》を書いて、その功績を讃えているが、そのなかに「三河に入国して以来、田原の城際において、味方が敗軍したところをよく持ちこたえて、敵を城内に押し籠め、名のある者を四人討ち取ったこと」という一か条がみえる。松井宗信が天野と並ぶ功績を立てたことが確認できるが、ここで注目されるのは、「田原の城際で味方が敗軍したが、松井がもちこたえて、敵を城内に押し籠めた」という記述である。田原城の城際に攻め寄せたものの、城方の反撃にあって、今川軍は後退を余儀なくされ、城から兵士が出てきた。総崩れになりそうだったが、松井が踏みとどまってよく戦ったので、城方の兵士もあきらめて城内に戻っていった。前記の記事を信ずれば、戦いのようすはこんなものだったと思われるのである。

九月五日の戦いのことはよく知られていて、田原の戸田一門はこの一戦で討死したというのが通説になっている。しかし当時の史料を見てみると、このとき戸田が敗れて滅び去ったという証拠は全くなく、むしろ城方がよく戦って今川軍を撃退したとみたほうがよさそうなのである。今川方の兵士の活躍を語る感状が多く残されているから、今川軍が勝ったような印象を受けるが、こうした感状にも、戦いで今川方が勝利したとはどこにも書かれていない。九月五日は戸田氏滅亡の日ではなく、戸田が今川軍を撃退した日だったのである。

◉——戸田堯光の逃亡

抵抗する田原の戸田氏を討つために、今川軍は城の総攻撃を試みたが、失敗に終わって作戦の変更を迫られることになった。力攻めは難しいと考えた今川の側は、田原城の近くに*取出《とりで》の城を作り、ここに軍勢を入れて、時間をかけて田原城を取り囲み、敵の屈服を待つことになった。

今川軍が東から三河に攻め入った頃、三河の西のほうでは尾張《おわり》の*織田信秀《おだのぶひで》が勢力を伸ばしていた。信秀は尾張守護代をつとめた織田氏の一門で、*清洲《きよす》の織田氏の分家にすぎなかったが、居城の*勝幡《しょばた》や*那古野《なごや》を拠点に力をたくわえ、三河西端の安城《あんじょう》に攻め込んで、城を手に入れることに成功し、岡崎にいる松平氏もほぼ服属させている状況だった。今川義元はもともと織田信秀と連絡をとりあって、いっしょに三河に攻め入ったようだが、ともに三河に勢力を伸ばそうとする今川と織田が争うことになるのは時間の問題だった。天文十七年（一五四八）の三月、西に向かって進んだ今川の軍勢は、岡崎の手前の*小豆坂《あずきざか》で織田軍と出会い、戦いがくりひろげられた。八名郡石巻の武士である西郷弾正左衛門尉《さいごうだんじょうざえもんのじょう》も今川軍の一員として参戦し、のちに義元から感状をもらっている。

この戦いでは勝敗は決まらず、両方とも軍勢を引いたが、今川優勢の状況でことは進み、天文十八年の末には今川軍が安城城を手に入れて、織田軍は尾張に退き、

取出——本城の外の要所に設けた小規模の要塞。砦。敵の本城を攻める側が本城のまわりに設けることもあった。

織田信秀（一五一一〜五二）——勝幡城・那古野城・古渡城・末森城と拠点を変えながら勢力拡大につとめ、美濃の斎藤道三と戦った。朝廷のために多額の献金をしたこともある。

清洲——現在の清須市一場。清洲城があった。

勝幡——現在の愛西市勝幡町と稲沢市平和町六輪にまたがる。勝幡城があった。

那古野——現在の名古屋市西区那古野とその周辺。那古野城があった。

小豆坂——現在の岡崎市羽根町・戸崎町のあたり。

松平氏も今川に従うこととなった。ただ三河を全体的に平定したというわけでもないので、太原崇孚をはじめとする今川の重鎮たちは、国の中央で要の位置にある長沢城を拠点として確保したいと考え、軍勢を長沢から退去させてほしいと牧野保成にたのんだ。天文十九年九月のことである。前に見たように、長沢松平氏の本拠だった長沢の地は、約束どおり牧野のものになり、牧野の軍勢が守っていたが、命令によってこれを手放さざるを得なくなったのである。もちろん不本意だっただろうが、今川の意向に背くこともできず、牧野保成は要請を受け入れた。

ところがこの二か月あまりあとに問題がおきる。長沢に在城していた山田源助と松平三助の二人が、牧野の所領の中にある百貫文分のところを自分のものにしようとして、駿府に出向いて今川義元に訴え、まんまと判物を手に入れたのである。驚いた牧野保成は、一門の牧野定成《さだなり》（八大夫《はちだゆう》）を使いとして駿府に派遣し、定成は太原崇孚ら重臣たちのところに行って、これはどういうことかと質問した。訴えを受けた太原崇孚は「話を聞いて驚いている。山田源助とは五六日前に会ったが、こんな話はしていなかった。とにかく私は何も知らないので、どうして御判が出されたのかよくわからない」と書状で答えている。太原崇孚をはじめとする重臣たちは牧野の味方だったが、こうしたことが重なるなかで、牧野は今川に対する不満を高めてゆく。

このころには田原城の攻略も終盤を迎えていた。田原城の開城がいつだったかはわからないが、天文二十年の七月、匂坂長能《さきさかながよし》にあてて出した今川義元の判物に「吉田の戦い以来、田原が手に入るまで、他に抽《ぬき》んでて励んでくれたことは、忠功の至りだ」と書かれているので、この段階ではすでに今川軍が田原城を接収していたことがわかる。

十一年後の史料だが、永禄五年（一五六二）六月の今川氏真の判物に、田原城落居のようすをうかがわせる記事がある。大窪の長興寺にあてて出された判物で、いったん没収した寺領を以前のように安堵したものだが、「戸田孫四郎が渡海したときに、当時の住持がこれに内通したということで、寺領はすべて没収したけれども、門派の僧侶たちが、住持と徒党の者たちを追放するからなんとかしてほしいと、朝比奈肥後守《ひごのかみ》（元智《もととも》）を通して訴えてきたので、前に出した判物にある通りに寺領を還付することにする」と事情が記されている。ここにみえる朝比奈元智は田原城接収のあとに城代に任命された武将だから、「戸田孫四郎が渡海した時」は、まさに田原城が開城した時のことをさすのではあるまいか。田原城の城主として数年の間今川軍の包囲に耐えた戸田堯光（孫四郎）は、敵の軍門に降ることを拒み、舟で海を渡ってどこかへ去ったのだろう。この後の彼の足取りはつかめていない。

●——牧野保成の没落

田原城に籠って抵抗した戸田堯光は、結局敗れて逃亡し、田原城には今川直臣の

写真4　二連木城址（豊橋市二連木町）

扶持——俸禄、給与。

二連木——現在の豊橋市二連木町。

下地——現在の豊橋市下地町。

月谷郷——現在の豊橋市嵩山町の一部。

上野城——現在の豊田市上郷町にあった城。

朝比奈元智が城代として入ることになった。戸田氏はかつて強く支配していた渥美半島を失い、大きな打撃を受けるが、これで戸田一門が滅亡したというわけでもなかった。前述したように、今橋城を守っていた戸田宗光（弾正）と戸田宣成（橘七郎）は、今川氏の軍門に降って、滅亡を免れた。そしてこののち戸田宗光は、今川軍の一員として編成され、命令に従って働くことになる。天文二十三年（一五五四）十一月に今川義元が匂坂長能に宛てて出した判物に、「今度岡崎に在城してくれるということなので、長能と宗光の両人に二百五十貫文の所領を扶持＊《ふち》として与える」と書かれているが、この「宗光」は戸田宗光のこととみていいだろう。このとき戸田宗光は匂坂長能とともに岡崎城に在城することを命じられ、義元から扶持給を与えられたのである。また宗光の子息と推定される戸田宣光《のぶみつ》（丹波守《たんばのかみ》）は、吉田の東にある二連木＊《にれんぎ》の城主となり、二連木・下地＊《しもじ》・下条などの所領を安堵されている。

八名郡の月谷郷＊《わちがやごう》を領していた戸田孫七郎も今川氏に従い、田原の戦いに参加して討死している。田原城に攻め寄せた今川軍の中には戸田の一門もいたのである。孫七郎のあとは弟の戸田伝十郎《でんじゅうろう》がつぎ、天文十八年（一五四九）十一月には月谷郷の米銭を加増として義元から与えられている。伝十郎はその財力をもとに、今川のために献金をする形で奉公を続け、何度か恩賞にあずかっている。弘治元年（一五五五）十月には三百貫文を用立てた功績により月谷郷の米銭を加増され、翌年二月にも上野城＊《うえのじょう》での御用をまかなうために、黄金百両と銭百貫文、合計で三百三十貫文分を立て替えた功績により、下条郷の中で所領を与えられた。戸田伝十郎は今川軍を経済的に支える形でその存在意義を示したのである。

このように戸田一門のほとんどは生き残り、今川氏のもとであらたな道を歩み始めたが、かつての勢いはくじかれ、独自の領主としての自立性を失ってしまった。一方の牧野氏は、一門こぞって今川に協力したことにより、これまでの苦境を乗り切り、所領を広げることに成功した。前もって約束していたとおり、豊川以西の戸田氏の所領は牧野に与えられたらしく、長沢松平氏の所領の多くもとりあえず確保できたようである。

しかし牧野保成の念願はすべて叶えられたわけではなかった。前に見た長文の条書の第一条で、「伊奈は牧野の本領だから、これを与えられるのはいうまでもないことです」と牧野は主張していたが、伊奈の回復は実現されなかったのである。天文十七年二月、今川義元は本田縫殿助《ほんだぬいのすけ》にあてて判物を出しているが、そこには「伊奈」と「*前芝湊《まえしばみなと》ならびに湊役」「渡津・*平井村《ひらいむら》船役」をこれまで通り安堵すると書かれていた。伊奈を領していた本田縫殿助は、早々と今川に従って、これまで持っていた権益をすべて認めてもらったのである。今川の側にしてみても、ひとりでも多く地域の武士を味方にすることが必要だったから、こうした対応をとったのは当然ともいえる。伊奈は本領だから返してもらいたいという牧野の訴えは届かなかった。

前芝湊――現在の豊橋市前芝町にあった湊。

平井村――現在の豊川市平井町。

さらに牧野保成は厳しい現実に直面する。前に述べたように、せっかく手に入れた長沢城から退去するように求められ、さらには長沢に在番している武士によって所領を奪われるはめになったのである。長沢城に今川軍が入るのは一時的なことで、平和になったら牧野に返すといわれていたが、これも実現の見込みはなかった。一門こぞって今川のために尽くしたのに、まともな待遇をしてもらえず、不満をあらわにする人もあらわれた。

今川に対する反乱の中心に立ったのは、牧野民部丞《みんぶのじょう》成勝という一門だった。弘治二年（一五五六）の二月二十九日、今川義元は牛久保の隣松寺《りんしょうじ》に寺領安堵の判物を出しているが、その中に「今度牧野民部丞の逆心に際して使僧をつとめた寿金《じゅきん》が持っていた国府《こう》の浄土寺の寺領もいっしょに安堵する」と書かれていて、牧野民部丞が「逆心」を企てたことがわかるのである。これに先立つ二月十三日、小坂井郷にあてて軍勢の狼藉を禁止する禁制が出されているから、このころには反乱は表面化し、今川の軍勢が鎮圧に乗り出していたことがうかがえる。

牧野民部丞成勝の反乱は結局鎮圧され、その所領は没収された。民部丞から所領の寄進を受けていた地域の寺社は、これを失うことをおそれて、寺領安堵の申請をしている。御津の*大恩寺《だいおんじ》と牛久保の若一王子《にゃくいちおうじ》あての安堵状には「牧野民部丞が寄進したところを、新寄進として安堵する」といった文言がみえ、民部丞がすでに没落していることがうかがえるのである。そして四月の末に隣松寺にあてて出された今

大恩寺——現在の豊川市御津町広石にある浄土宗の寺。

川義元の判物には「前々牧野出羽守《でわのかみ》が寄進した分について、新寄進として安堵する」という一文がみえ、「牧野出羽守」もこのとき没落したことがうかがえる。

牧野田三郎保成は天文十九年（一五五〇）の冬ころに「出羽守」と名乗っているから、この「牧野出羽守」は牧野氏惣領の牧野保成その人とみていいだろう。彼は反乱の首謀者ではなかっただろうが、責任を問われる形で失脚してしまったものと思われる。牧野の一門の中には反乱に加担しないで今川に従った人もいて、一門の牧野右馬允《うまのじょう》（成定《なりさだ》か）が惣領家の家督を継承し、牛久保城とその周辺の所領は確保することになった。弘治三年（一五五七）の十月、牧野右馬允は吉良の西条城《さいじょうじょう》＊に五年の間在城するよう命じられたが、時には自分の本拠に戻って見廻りをすることを許された。戸田氏と同じように、牧野氏も今川に反抗して勢力を削がれたが、辛うじてその命脈は保ったのである。

西条城――現在の西尾市錦城町にあった城。もとは吉良西条氏の居城で、江戸時代には西尾藩主の居城となり、西尾城と呼ばれた。

◉――今川義元の支配

数年の歳月をかけて今川氏の軍勢は東三河の一帯を押さえることに成功し、西三河の大半も今川の領国に組み込まれることになった。東三河で最大の勢力を誇る戸田氏の一門を従え、さらに牧野一門の反乱も鎮圧して、今川の支配は着実に進められた。東三河最大の拠点にあたる今橋は、このころから「吉田」と呼ばれるようになり、今川の直臣が城代として駐留して、この一帯を統括することになった。また

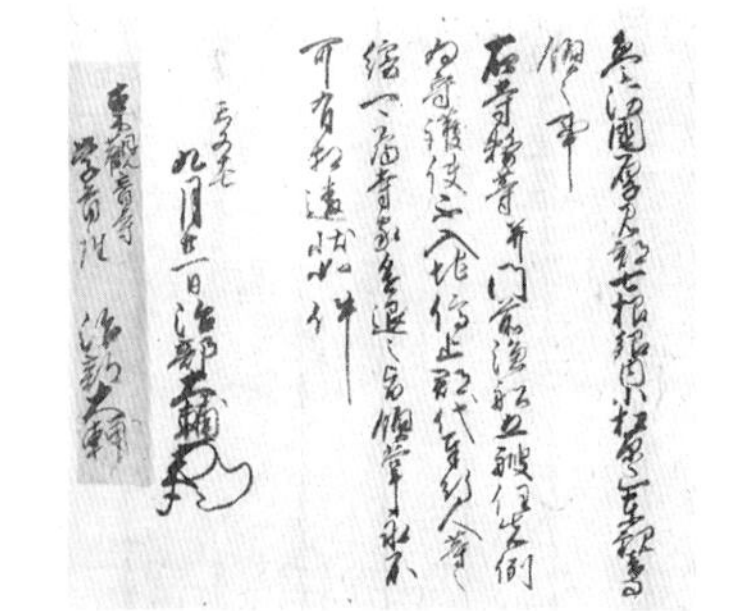

写真5　今川義元の判物（東観音寺所蔵）

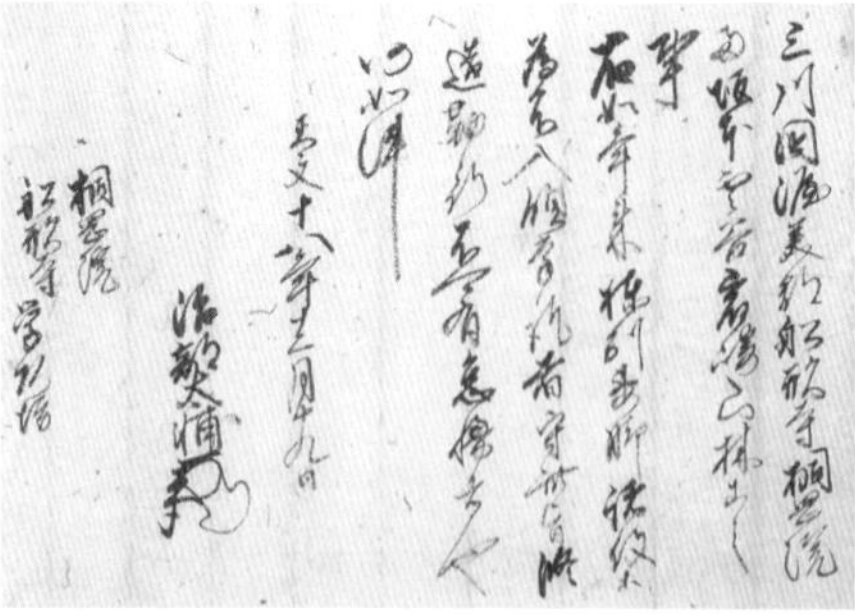

写真6　今川義元の判物（普門寺所蔵）

戸田氏の居城だった田原城にはやはり今川直臣の朝比奈元智が入って、渥美半島と三河湾の世界を治めた。牛久保城は牧野氏の居城だったが、当主の牧野右馬允は吉良西条城の在番を命じられ、ここにも今川の関係者が入り込むことになる。さらに西三河の入り口を押さえる長沢城も今川の軍勢が押さえ、武将たちが交代で在番した。こうした重要な拠点を押さえながら、今川氏の支配は進められたのである。

今川に従った戸田や牧野の一門や、地域の武士たちは、それぞれ所領を安堵されて、今川軍の一員として働くことになった。今川氏の側としても、三河の武士たちを滅ぼしてすべてを直接支配しようといった意図はなく、領国拡大を進めるためにも地域の武士たちに協力を求め、従った場合にはその所領を安堵したのである。

地域の武士だけでなく、伝統ある寺院や神社もそれぞれの所領を持つ領主として存在していたが、今川義元はこうした寺社の所領支配をほとんどそのまま認め、自ら花押を据えた判物を発給している。このとき出された義元の判物（安堵状《あんどじょう》）は今でも多く残されていて、東三河にかかわるものは二十点にのぼる（表1と図5参照）。今川氏があらたな支配者として登場してきた時、地域の寺社はとにかく自分の所領を守りたいと考え、今川軍の部将に訴えたり、住持や使者が駿府まで出かけたりして、義元のお墨付きを手にすることに成功し

表１　今川義元の寺社領安堵状

	年月日	寺社名	所在地
1	天文17年９月21日	東観音寺	豊橋市小松原町
2	天文17年11月19日	太平寺	豊橋市老津町
3	天文18年３月12日	長興寺隆興軒	田原市大久保町
4	天文18年12月19日	船形寺・桐岡院（普門寺）	豊橋市雲谷町
5	天文19年11月８日	財賀寺	豊川市財賀町
6	天文20年６月12日	龍拈寺花谷院	豊橋市新吉町
7	天文20年８月23日	龍門寺	田原市田原町
8	天文21年２月17日	東観音寺	豊橋市小松原町
9	天文21年９月４日	慶雲寺	田原市田原町
10	天文23年12月21日	吉田天王社	豊橋市関屋町
11	弘治元年11月３日	長仙寺	田原市六連町
12	弘治２年２月17日	大恩寺	豊川市御津町広石
13	弘治２年２月27日	三明寺	豊川市豊川町
14	弘治２年２月28日	牛久保若一王子社	豊川市牛久保町
15	弘治２年２月29日	隣松寺	豊川市牛久保町
16	弘治２年３月１日	妙厳寺	豊川市豊川町
17	弘治２年３月３日	吉祥寺	豊橋市石巻平野町張原
18	弘治２年４月28日	隣松寺	豊川市牛久保町
19	弘治２年４月28日	牛久保若一王子社	豊川市牛久保町
20	永禄元年９月１日	法住院（法住寺）	豊川市御津町赤根
21	永禄元年９月20日	伝法寺	田原市神戸町
22	永禄元年９月25日	田原神明社	田原市田原町

図５　今川義元から安堵状をもらった寺社

たのだろう。三河を領国に組み入れたいと考える今川の側も、伝統ある寺社の所領にまで介入することは考えておらず、無用の摩擦《まさつ》を生まないために、彼らの要望を受け入れて、所領安堵の判物を出したのである。なお表1にみえるように、弘治二年（一五五六）以降も義元判物は多く出されているが、そのほとんどはかつて牧野氏の支配地だった牛久保やその周辺の寺社にあてたものである。この地域は牧野の強い支配下にあり、寺院や神社も今川に訴える必要がなかったのだろう。しかし牧野氏の没落によってこの地域の寺社も今川氏に所領安堵の訴えをおこすようになり、多数の判物が発給されたのである。

今川にとって東三河支配の要となったのは吉田城だったが、戸田氏を屈服させてここを押さえた今川氏の関係者は、城下の振興にも力を注ぐことになる。先に見たように、天文十六年（一五四七）の六月には牛頭天王（現在の吉田神社）の神輿《みこし》一丁が造営されたが、このとき作られた棟札には「大檀那源義元」と記され、太原崇孚が署名して花押を据えている。吉田を押さえた太原崇孚らは、地域振興の手始めとして牛頭天王の神輿を造ったのである。神輿だけでなく牛頭天王宮の造営もなされたが、これには時間がかかり、完成したのは天文二十三年六月のことだった。このときも棟札が作られ、吉田城代の伊東左近将監元実《いとうさこんのしょうげんもとざね》と代官の吉田四郎左衛門重安《しげやす》が名前を連ねている。

牛頭天王と同じく城下にある神明社《しんめいしゃ》（現在の安久美神戸神明社）の宝殿の造営も、

この時期にとり行われることになった。造営を祝う儀式がなされたのは天文十九年の十一月で、このとき作られた棟札には「御屋形治部大輔《おやかたじぶだゆう》源朝臣吉元《みなもとのあそんよしもと》」と奉行の朝比奈筑前守輝勝《あさひなちくぜんのかみてるかつ》と岡部出雲守輝綱《おかべいずものかみてるつな》、小奉行人の多喜《たき》と良知《りょうち》など、今川の関係者の名前がみえる。義元自身は吉田に来ることはなく、その家臣たちが城番として地域を治めていたが、あらたな支配を始めるにあたって、それなりの意気込みで神社の造営などを進めていたのである。

拠点となる場所は着実に押さえながら、服属した武士たちの本領は安堵し、地域の寺社の所領支配もほぼそのまま認める形で、今川氏の東三河支配は進められた。その姿勢は決して高圧的ではなく、地域の現状に配慮した、バランスのとれたものだったといえなくもない。ただ当主の義元自身が三河に来ないで、直臣たちが交代しながら城番をつとめるという形で地域の人々の心をつなぎとめ続けるのは、やはり難しかったといわざるを得ない。牧野民部丞が今川に反抗したことは先に見たが、奥三河の奥平氏《おくだいらし》や菅沼氏《すがぬまし》の一門にも今川の支配を受け入れずに、反乱を企てて決起する者が多くいた。いかに善政をしいたとしても、今川は外来の侵略者で、三河の武士たちも不満を抱えながら、とりあえず従っていたというのが実情だったのではないかと思われる。こうした状況を克服するためには、あらたな征服地を作って彼らに新給地を与えなければならない。今川義元が重い腰を上げて三河に出向き、尾張侵攻を企てた背景には、こうした事情があったように思えるのである。

四　今川から徳川へ

◉——今川と松平の戦い

三河のほとんどを支配下に収めながら、今川義元は駿府にいて、三河にはなかなか姿をみせなかった。しかし子息の氏真《うじざね》が二十歳になったころ、彼に家督を譲って駿河や遠江の統治を任せ、自らはあらたな領国拡大のために働くことにしようと決意した。永禄三年（一五六〇）、駿府を出発した義元は三河に到着、そこから西に進んで尾張に入り、三河の武士たちの多くもこれに従った。

当面の敵は尾張の*織田信長《おだのぶなが》だった。信秀のあとを継いだ信長は、家中の混乱をおさめ、本家筋にあたる清洲の織田氏を滅ぼして、清洲に本拠を移して尾張の統治を進めていた。今川軍が迫ってきたことを知った信長は、清洲を出発して鳴海《なるみ》のそばの善照寺砦《ぜんしょうじとりで》に入った。このとき義元の率いる今川軍は*桶狭間山《おけはざまやま》とよばれる高台に布陣していたが、信長は善照寺砦から前に出て、正面から攻撃をしかけた。不意をつかれた今川軍は後退し、乱戦の中、大将の義元が討ち取られるという敗北を喫することになる。五月十九日のことだった。

織田軍の大勝利で、今川軍の侵攻をなんとかくいとめたわけだが、そのまま三河

織田信長（一五三四～八二）——尾張を統一したのち、美濃の斎藤氏を滅ぼして岐阜に移り、足利義昭を奉じて上京。のち義昭を追放して京都や畿内を押さえ、安土を拠点に天下統一を進めた。

善照寺砦——現在の名古屋市緑区鳴海町にあった砦。

桶狭間山——現在の名古屋市緑区有松町桶狭間のあたりか。

松平元康（一五四二～一六一六）――はじめ竹千代。元服して元信、ついで元康と名乗る。のち家康と改名し、さらに姓を徳川に改めた。

松平広忠（一五二六～四九）――松平清康の子。父の死後一時伊勢に亡命したが、やがて岡崎に復帰。今川義元と織田信秀の戦いの渦中に死去した。

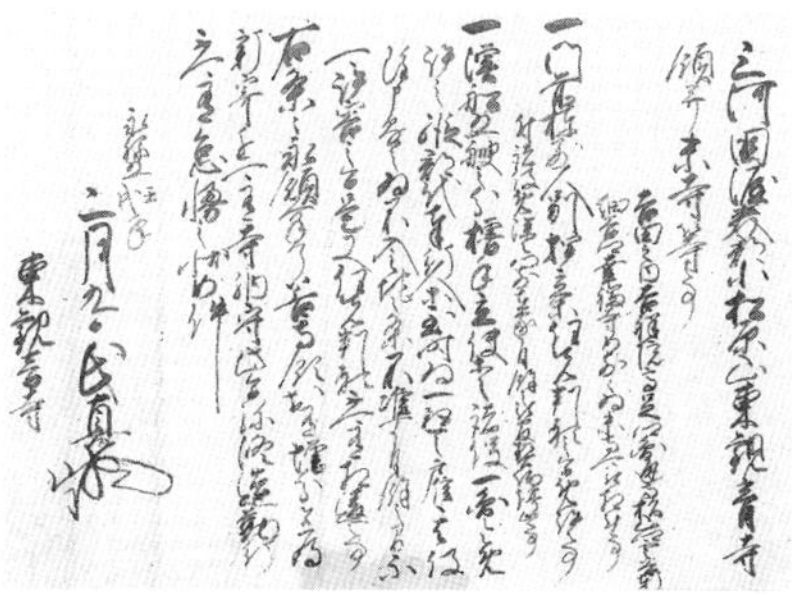

写真7　今川氏真の判物（東観音寺所蔵）

に攻め入るということにはならず、今川の側もとりあえずは領国を守った。義元が死去したことにより、駿府の今川氏真は名実ともに今川家の当主となり、東三河の武士たちや寺社の関係者も、あらたな当主の氏真に対して所領安堵の判物《はんもつ》を出してほしいと願い出ることになった。そして駿府の氏真は、要望に応えてあらたに自身の判物を作って彼らに渡した。義元から氏真への代替わりは順調に進み、東三河の人びとも平穏な生活を続けていた。

しかしまもなく東三河は戦場になる。岡崎に入った*松平元康《まつだいらもとやす》が今川と袂《たもと》を別ち、その軍勢が西から攻め込んできたのである。元康は岡崎城主*松平広忠《ひろただ》の子で、今川軍が三河に攻め込んで織田氏を破ったときに、今川家の人質になることが決まり、今川駿府で成長していた。今川義元が尾張に攻め込んだとき、十九歳の青年だった元康も従軍し活躍していたが、義元討死の知らせをうけると、みずからの本拠にあたる岡崎に入って、あらたな歩みを始めることになる。最初は今川の一部将の立場だったが、岡崎を中心に西三河の過半を押さえると、やがて今川と決別し、東三河にその勢力を広げようとしたのである。

永禄四年（一五六一年）の四月、松平軍は長沢城のふもとを越えて東三河に攻め入り、牛久保城に迫った。そして十一日、牛久保の地で今川軍と松平軍の最初の戦いが展開される。牧野家中の真木兵庫助《まきひょうごのすけ》が戦死していて、激戦だったことがうかがえるが、松平勢も勝利を得ることができず、いったん兵を引いたようである。そし

図6　今川と松平の戦い

てこの日の夜に、牧野平左衛門入道父子が今川に対する離反を明らかにして、松平氏の陣中にかけこんだ。惣領の牧野成定《まきのなりさだ》は今川に忠節を尽くそうとしていたが、一門の中にはこれとたもとを分かって、松平方になる者もいたのである。五月になると牧野助兵衛正重《すけのひょうえまさしげ》が松平に味方すると表明して起請文《きしょうもん》を提出、松平元康はこれに応えて、正重の進退については保証すると約束し、新たな知行を与えている。

八名郡の西郷氏も松平方になることを表明し、牧野弥次右衛門尉も西郷と同心して今川に叛いた。西郷弾正左衛門尉正勝は*嵩山《すせ》の城にいたようだが、遠江との国境に近いこの城は今川方の攻撃対象となり、七月六日には嵩山の市場口で戦いがあり、九月十日に今川の軍勢が嵩山の宿城に押し寄せた。*『寛永諸家系図伝《かんえいしょけけいずでん》』によると、この翌日の十一日に、西郷正勝と嫡子の元正はここで討死したという。元正の男子(のちの義勝)が幼少だったので、元正の弟の孫平清員《まごへいきよかず》が名代《みょうだい》として西郷家の中心に立つことになり、十月二十九日に松平

嵩山——現在の豊橋市嵩山町。
寛永諸家系図伝——江戸幕府が編纂した最初の大名・旗本諸家の総合的系譜。寛永二十年（一六四三）に完成。
酒井忠次（一五二七～九六）——家康より十五歳年長で、妻は家康の叔母。重臣として若年の家康を支えた。
上之郷城——現在の蒲郡市神ノ郷町にあった城。
野田城——現在の新城市豊島にあった城。

家重臣の*酒井忠次《さかいただつぐ》が証文を出し、そのあと十一月六日に松平元康の判物が発給された。東三河に出陣して武士たちを率いていたのは酒井忠次で、西郷もその指揮下にいたのである。

三河湾に面する大塚城にいた岩瀬吉右衛門《いわせきちえもん》も松平方になり、九月四日に今川方に攻められながら、なんとか城を守った。年明けて永禄五年（一五六二）の二月には、西郡《にしのこおり》の中心にあった*上之郷城《かみのごうじょう》が松平方の攻撃を受けて陥落し、城主の鵜殿長照《うどのながてる》は討死した。長照は今川氏と姻戚関係にあり、周囲の武士たちがみな松平方に転じる中、ひとり今川に従う姿勢を貫き、軍勢の攻撃を受けて滅亡したのである。

上之郷城の陥落によって西郡一帯は松平元康の領国に入り、東隣の大塚までその勢力が及ぶことになった。しかし今川の側も劣勢だったわけではなく、二月には当主の氏真が自身三河に出馬して、領国を守ろうと積極的な攻撃を始めた。設楽郡の富永が戦いの舞台となり、三浦右衛門大夫《みうらうえもんだいぶ》が軍勢を率いて攻め寄せたが、このとき牧野家中の稲垣平右衛門尉（重宗）が案内者をつとめ、広瀬の川端で戦功をあげている。やがて富永城（野田城*にあたるか）は今川方の手に入ったらしく、牧野成定が城番をつとめることになった。五月七日、松平方の軍勢が富永城に攻め寄せたが、成定は自身刀を取って奮戦し、稲垣をはじめとする家中の面々も戦功をあげた。

今川方の攻勢は続き、七月二十六日には嵩山の中山城が陥落した。そして九月になると、いったんは松平方になった大塚城も今川軍が手に入れることになる。九月二十二日の夜、牧野一門の牧野八大夫定成が作戦を立てて、大塚城を乗っ取ったのである。城主の岩瀬吉右衛門尉は松平方だったが、子息の彦三郎（家久）が今川方とつながって、ひそかに軍勢を城中に引き入れたことにより、乗っ取りが成功した。このときの戦いで岩瀬吉右衛門尉は討死してしまう。

九月二十九日には八幡《やわた》で戦いがあり、稲垣平右衛門尉らが戦功をあげた。翌永禄六年の六月には松平軍がまた動いて、御油口《ごゆぐち》の片坂で今川軍と衝突した。最初は松平方が優勢だったが、三浦正俊らの奮戦によって形勢は逆転、松平方は敗れて西に去っていった。

浄土真宗——親鸞を開祖とする仏教の宗派。本願寺の蓮如の活躍により教団が拡大した。

一揆——目的や方法を同じくする人々のまとまりや、彼らが起こした行動を一揆という。

●——田原と吉田の開城

永禄六年（一五六三）の秋、松平元康は家康《いえやす》と改名したが、このころに大きな困難に直面することになった。西三河には浄土真宗*の寺院が多数あり、地域に大きな影響力を持っていたが、家康によるあらたな支配に反発して、いっせいに立ち上がったのである。松平家中の武士たちの多くもこうした寺院から金を借りたりして関係をもっていたので、一揆*に味方して主君の家康に叛くものもあらわれた。若い家康にとっては大きな試練だったが、戦いを有利に進めながら、翌永禄七年の春には寺院や一揆衆との和睦を果たし、内乱をなんとか鎮めることに成功した。そして難局を乗り越えた家康は、あらためて東三河攻略を推し進めることになる。

このころには奥三河に勢力を誇る*奥平定能《おくだいらさだよし》も家康に味方し、情勢は松平氏有利に動きはじめていた。そして二連木《にれんぎ》城主の戸田主殿助《とだとのものすけ》（重貞《しげさだ》）も家康方になる。五月十三日、家康は戸田にあてて起請文をしたため、本領を安堵するとともに多くの新給地を与えた。主殿助は戸田宗光の孫で、戸田の惣領家の当主にあたる。今川に従う形で命脈を保った戸田の本流は、この段階で今川から離れ、家康のもとで活躍することになったのである。『寛永諸家系図伝』によれば、このとき主殿助の母親が人質として吉田城内にいたが、五月十二日に主殿助が密かに城中に入って、母を*具足箱《ぐそくばこ》に入れて二連木に戻り、そのあと今川軍と戦って家康の陣中に赴いたという。

　吉田城のすぐそばの二連木にいた戸田が松平に従ったことは、大勢に大きな影響を与え、吉田城は危機に直面した。吉田城のそばまで迫って軍勢を指揮していたのは酒井忠次だったが、六月二十二日、家康は酒井にあてて判物を出し、吉田と東三河のことは酒井に任せることを約束し、室《むろ》（牟呂）と*吉田小郷を所領として与えている。同じ頃に*本多広孝《ほんだひろたか》をはじめとする軍勢が田原城に迫り、田原と加治《かじ》の砦に集結して城をにらみつけていた。大塚の岩瀬河内守（家久）も服属させて、家康は自ら東三河に出馬し、小坂井《こざかい》に陣を据えて全体の指揮にあたった。

　当時の吉田城の守将は大原肥前守資良《おおはらひぜんのかみすけよし》で、田原城将は朝比奈元智《あさひなもととも》だったが、ともに松平勢の攻撃を受けながら、なんとかもちこたえようとつとめた。吉田城下での戦いで戸田主殿助は戦死し、弟の戸田甚平《じんぺい》（忠重《ただしげ》）が家督を継いで、家康から本領

奥平定能（一五三八〜九八）――定勝の子。若い時期に今川氏に反抗して、父の懇望により赦免された経歴をもつ。

具足箱――具足は武具・甲冑のこと。具足を入れた箱が具足箱。

吉田小郷――現在の豊橋市今橋町（吉田城跡）の近辺と推測される。

本多広孝（一五二七〜九六）――三河土井（岡崎市土井町）を本拠とし、家康に従う。田原城を攻略したのち、しばらくここを居城とする。

を安堵するとの判物をもらった。十一月十六日のことである。『寛永諸家系図伝』にこのことはみえ、主殿助の戦死は十一月十二日だったとしている。

年明けて永禄八年（一五六五）正月二十日には吉田西手崎堤で戦いがあった。牛久保城にいた牧野成定や家中の面々は、兵糧三百俵を城に入れるという形で城方を支援した。吉田でも田原でも城方の防戦は続いていたが、形勢はもはや明らかで、やがてともに開城の時を迎えることになる。力攻めではなかなか落とせないと考えた家康は、使者を城中に遣わして、今川方の兵士の命は助けるから、自主的に城から出て遠江や駿河に帰ってほしいと、話をもちかけたのである。交渉の末話はまとまり、田原の朝比奈も吉田の大原も、ともに城を明け渡して主家の今川のもとに帰ることになる。

二月九日のこと、田原神明社*から社領を増やしてほしいと頼まれた朝比奈元智は、六貫文の土地を用立てて与えることにしたが、このときの判物に「もしも領主が替わったとしても、この証文をもとに申し出て、安堵してもらうように」という一文がみえる。おそらくこのころには朝比奈が城を去ることはほぼ決まっていて、新たな領主が入部することが予想されていたのだろう。朝比奈元智が田原城を明け渡したのは、このしばらくあとのことではないかと思われる。

吉田城の開城にあたっては、大原資良に従っている地域の武士たちをどう処遇するかが問題になった。主将の大原や、もとからの今川配下の武士たちは、故郷であ

田原神明社――田原市田原町北番場に鎮座。

る遠江や駿河に帰ればよかったが、東三河出身の武士たちは現地に残らざるを得ない。こうした武士たちは、今川から離れて松平に従うにあたって、自らの権益をどこまで守ることができるか、不安をつのらせていたものと思われる。三月十九日のこと、牟呂兵庫助《むろひょうごのすけ》・千賀与五兵衛《せんがよごべえ》をはじめとする十八人の武士たちにあてて家康は判物を出し、今持っている知行地はこちらに収めてもらうが、そのかわりに同じだけの高をもつ所領を別のところで与えると約束している。そしてこのことについては敵将の大原資良も了解済みだと、この判物には書かれていた。

　こうした細かなことにどう対処するか、交渉を詰めたのち、大原は城から出て、開城は実現された。今川軍の去った吉田城には酒井忠次が城代として入り、地域の支配を進めてゆくことになる。

●——牧野成定の帰順

　田原と吉田の開城によって、三河で今川方として残るのは牛久保城だけになった。城主の牧野成定と家臣たちは懸命に城を守り、松平勢の攻撃に耐え続けた。田原の朝比奈や吉田の大原と違って、牧野やその家臣はこの地域に基盤を持つ武士で、遠江や駿河に退くということは考えにくかったから、必死になって守りぬこうとしたのかもしれない。

　牛久保城は難攻不落の要害で、総攻撃を仕掛けても勝利できるかわからないし、勝ったとしても兵士に甚大な被害が及ぶことになるだろうと予測した家康と重臣たちは、敵方の牧野の立場をそれなりに認めて、平和裏《へいわり》に降伏してもらうことにしたいと考えるようになっていった。そして交渉の結果、牧野成定の権益をほぼそのまま認めながら、松平のもとに臣下として従ってもらうという形で、戦いを終息させることになったのである。

永禄九年（一五六六）五月九日、家康は牧野成定にあてて判物を出し、さまざまのことを約束した。条文は三か条からなり、「あなたのことについて、いろいろ文句を言う人がいても、信用しないで糾明します」、「あなたが病気である場合には、こまめに出仕してこなくてもかまいません」、「判物で示した所領について、誰が異議を申し立てても、決して許しません」と書かれていた。三か条目にみえるように、牧野にあてた別の判物には、このたびの帰順にあたって牧野に安堵する所領が列記されていたようである。

この同じ日に、家康は一門の松平*（長沢）康忠《やすただ》にあてて判物を出し、平井・豊川市場方・豊川中条方・八幡本所方の、合計で二五〇貫文の所領を、牛久保の牧野に渡してほしいと頼んでいる。長沢の松平康忠は家康に従って牛久保の攻撃にあたっていて、その恩賞として平井・豊川・八幡の所領を与えられていたわけだが、これらはみな牧野の本領だった。家康と和睦するにあたって、牧野成定はこうした本領をすべて安堵してほしいと家康に要請し、戦いを終息させるために家康もこれを受

松平康忠（一五四六～一六一八）——父の政忠が桶狭間で戦死したのち、祖父親広の後見のもと家督を相続。家康の妹の矢田姫を娶った。

写真8　牧野成定公の廟（豊川市千歳通）

水野信元（?〜一五七五）――織田氏に属して三河・尾張国境地域に勢力を伸ばす。若年の家康と協調してこれを支えたが、織田信長の命により殺された。

け入れた。そしていったんこうした所領を与えた一門や家臣に対して、ここは牧野に返してもらいたいと頼まざるを得なくなったのである。

簡単に降伏することなく、長きにわたって敵の攻撃に耐えぬいた牧野成定は、結局その所領支配をすべて認められ、家康の家臣としてあらたな歩みを始めることになる。牧野とその家臣たちのなみなみならぬ力量を、家康も認めざるをえず、彼らの権益を認めながら配下に組み込んで働いてもらおうと考えたのだろう。ただ当主の牧野成定は半年ほどのちの十月二十三日に四十二歳で死去してしまう。前に見た家康の判物の第二条に、病気だったら出仕しなくてもかまわないと書かれているから、このころすでに成定は病身だったのだろう。

当主が死去したのち、牧野定成（山城守《やましろのかみ》）をはじめとする家中の面々は、岡崎にいる家康に訴えて、成定の子息の家督継承を認めてほしいと頼み、家康もこれを受け入れて、成定の所領はこの子息が継ぐことを認める判物を下した。さらに刈谷城主の*水野信元《みずののぶもと》（家康の母親の兄にあたる）も牧野定成や家中の人々にあてて判物を出し、成定の子息が家督を継ぐことに異論はないし、当時駿河にいるこの少年が帰国できるように努力すると約束している。三河と尾張の国境地域に勢力をもつ水野氏は、東三河も含む広い範囲で政治的影響力を持っており、牧野の家中もこのたびの家督継承を確実なものとするために、水野のところに赴いて後援を頼み、水野もこれに応えたということだろう。

ところでこの水野信元の判物の最後の部分に、「それで、出羽殿《でわどの》父子が帰宅したいと訴えてきたとしても、とりあわないようにしてほしいと、家康にきちんと言ってください。このことについても私に任せてください」という一文がみえる。この「出羽殿」はかつての牧野家の惣領で、今川に叛いて没落した牧野出羽守保成《やすなり》のこととみていいだろう。牧野保成はこのころまだ健在で、惣領として復活することを狙っていたのではないかと思われる。今川に叛いて没落した保成にとってみれば、家康と今川が戦いを始めて牧野成定が今川方になっているという状況は、願ってもないことで、この機会に家康とつながりをもって復活しようと考えたとしても不思議はない。しかし家康はかつての惣領の保成を登用して敵対する成定を打倒するという方法をとらず、現在の惣領である成定とその家中の権益をそのまま認める形で地域の安定を図った。牧野保成とその子息の復活の望みは絶たれ、成定の子が牧野の惣領として家督を継承することがここに確定したのである。

●――牧野康成と戸田康長

牛久保の牧野を帰順させて三河平定を成し遂げた家康は、まもなく姓を松平から徳川に改め、三河守に任じられた。今川とのにらみあいは続いていて、遠江方面への侵攻の機会をうかがっていたが、好機はまもなく訪れた。永禄十一年（一五六八）の冬、甲斐の武田信玄*が駿河に攻め込み、駿府にいた今川氏真はこられきれずに遠

武田信玄（一五二一～七三）
――実名は晴信。甲斐を本拠としながら信濃に領国を広げ、さらに駿河に攻め入り領国に加えた。

引馬――現在の浜松市中区の市街地一帯。引間・曳馬などとも書く。引馬城があった。

見付――現在の静岡県磐田市。遠江の国府があった。

宇利小幡――現在の新城市小畑。

松井忠次（一五二一～八三）――東条松平氏当主の名代として家康に仕え、東条城の城代をつとめる。

寛政重修諸家譜――江戸幕府が編纂した大名・旗本の総合的系譜集。寛政十一年（一七九九）に編纂を開始し、文化九年（一八一二）に完成した。

為当村――現在の豊川市為当町。

稲荷社――現在の稲荷神社。

江の懸川城《かけがわじょう》に逃れたが、徳川家康はこの機会をとらえて三河から遠江に攻め入り、地域の武士たちを服属させながら、*引馬《ひくま》（浜松）や*見付《みつけ》を押さえることに成功した。さらに家康は今川氏真のいる懸川城を攻めるが、結局は和議が締結され、氏真は城を家康に明け渡して、同盟関係にあった北条氏のもとに去っていった。巧妙な外交戦術によって遠江のほとんどを手に入れた家康は、元亀《げんき》元年（一五七〇）には浜松城を築いて自身ここに移り住んだ。あらたに手に入れた領国を押さえ、当面の敵である武田信玄との戦いに備えるために、自ら前線に出て家臣たちを指揮することになったのである。

　牧野家の家督を継いだ少年は、家康から一字を拝領して康成《やすなり》と名乗り、吉田城代の酒井忠次の娘を妻に迎えて、家康の部将としての活動を始めた。永禄十一年の末に家康が*宇利小幡《うりおばた》に出陣したとき、*松井忠次《まついただつぐ》の後見を得て居城の守りについたのが、最初の仕事だったと伝えられている（*寛政重修諸家譜《かんせいちょうしゅうしょかふ》）。このとき康成は十四歳だった。翌永禄十二年の六月、多米当村《ためとうむら》（為当村*）*稲荷社《いなりしゃ》の造営にあたり「牧野右馬允《うまのじょう》様」が銭十五貫文を寄進したと棟札にみえるが、この「牧野右馬允」は康成にあたるとみていいだろう。このころ康成はすでに父親と同じ右馬允の官途を持っていたのである。また当時為当村を所領として所持していたこともこの棟札からうかがえる。

　戸田の惣領家でも世代交代が進んでいた。前述したように、二連木城主の戸田主殿助は永禄七年（一五六四）十一月に戦死して、弟の甚平が家督を継いだが、この

写真9　徳川家康の判物（普門寺所蔵）

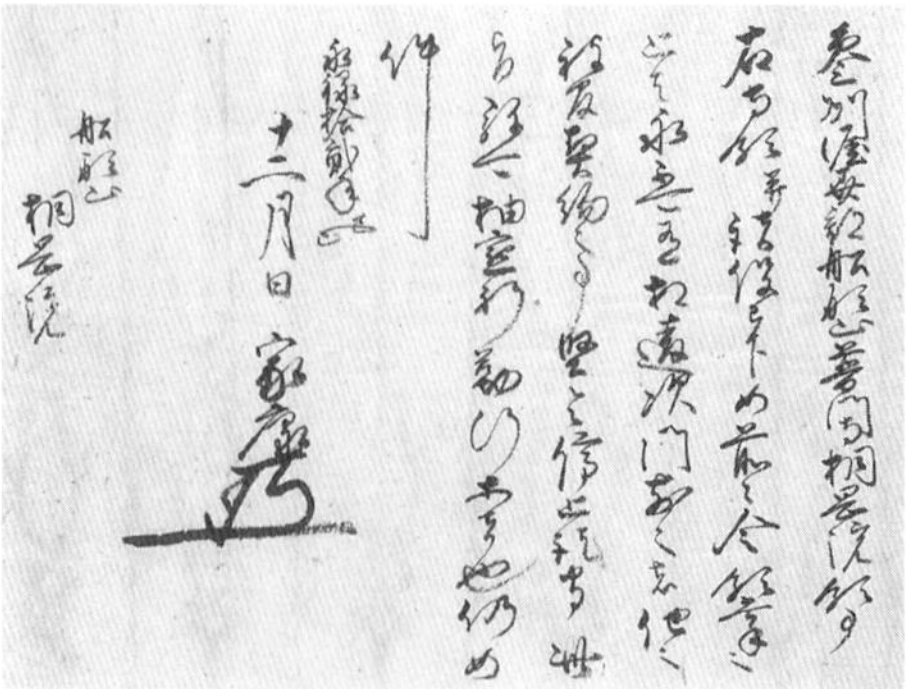

戸田甚平（弾正《だんじょう》）も、永禄十年五月二十五日に若くして死去してしまい（寛政重修諸家譜）、わずか三歳の遺児虎千代が残された。家康はこの少年が戸田の家督と所領を継承することを認めて、自らの本姓である「松平」の名字を与えた。その後虎千代は家康の妹を妻に迎えることを約束され、やがて家康から一字を拝領して戸田康長《やすなが》と名乗った。

　戸田の惣領家の当主は幼少だったが、戸田氏の一門はたくさんいて、そろって家康に従い活躍することになった。とくにめだった働きをしたのは、戸田宗光の孫にあたる戸田忠次《ただつぐ》（三郎右衛門尉）で、田原や吉田での戦いで活躍し、永禄八年には大津村（現在の老津《おいつ》）を与えられてここを拠点とすることになった。さらに元亀元年（一五七〇）に遠江の浜名の武士たちが家康に叛いたとき、忠次は本田百助とともにこれを鎮圧し、その功績で浜名にも所領を与えられたという（寛永諸家系図伝）。また戸田政成《まさなり》（左門佐《さもんのすけ》）という一門は多米《ため》のあたりを領しており、永禄十年二月には*赤岩寺《せきがんじ》の*住持《じゅうじ》に田地を寄進し、十一年三月には赤岩寺の本堂建立に際して願主となっている。

　元亀三年（一五七二）になって家康は大きな危機に直面する。甲斐の武田信玄が大軍を率いて、駿河から遠江に攻め込んできたのである。浜松の北部の山麓にある*二俣城《ふたまたじょう》を押さえた武田軍は、そのまま西に向かって進軍を開始したが、目の前を敵が通過するのを見過ごすわけにはいかないと、家康は家臣たちを率いて浜松城か

赤岩寺——現在の豊橋市多米町にある真言宗の寺。行基の開創と伝えられる。

住持——住職のこと。

二俣城——現在の浜松市天竜区二俣町二俣にあった城。

ら乗り出し、三方原《みかたがはら》の地で武田軍に戦いを挑み、大敗を喫することになる。十二月二十二日のことだった。『寛永諸家系図伝』によると、戸田忠次・戸田勝則《かつのり》・戸田光定《みつさだ》・戸田直頼《なおより》といった戸田一門が戦いに加わったという。このうち勝則は忠次の弟、光定はいとこにあたる。

戦い敗れた家康は浜松城に戻るが、武田軍も浜松城を攻めることはせず、そのまま西に進んで三河に入り、菅沼定盈《すがぬまさだみつ》の籠る野田城に攻め寄せた。天正元年（一五七三）の二月、野田城は陥落して定盈は捕えられるが、まもなくすると武田軍は撤退をはじめ、三河から姿を消した。このころ大将の武田信玄は病床にあり、帰国の途中信濃の駒場《こまば》で死去した。こうして家康は危機を脱したのである。

◉――二連木と吉田の攻防戦

苦境を乗り越えた家康は、この機会をとらえて奥三河の武士たちを味方に引き付け、武田の進軍を阻止しようと動き出した。そして最大の勢力を誇る奥平定能《おくだいらさだよし》を味方にすることに成功する。もともと定能は家康に従っていたが、武田信玄の力が強く及ぶ中で、やむをえず武田に従属したという経緯があった。信玄の優勢は明らかだったから、当然の身の処し方だったといえるだろうが、信玄の死去によって情勢が変わると、家康からの働きかけに応じて、ふたたび家康に従うことにしたのである。天正元年八月、家康は奥平定能・信昌《のぶまさ》父子の所領を安堵し、自らの娘を信昌に

三方原――現在の浜松市北区三方原町のあたり。

菅沼定盈（一五四二～一六〇四）――今川と松平の戦いにあたって家康に従い、遠江侵攻のときも活躍。武田軍に捕えられるが、やがて野田城に帰る。

駒場――現在の長野県下伊那郡阿智村駒場。

奥平信昌（一五五五～一六一五）――父の定能とともに家康に従い、家康の長女亀姫を娶る。長篠城を守ったのち、新城城を築いてここに移った。

嫁がせることにした。九月には豊川沿いの拠点である*長篠城《ながしのじょう》も徳川方の手に落ち、武田の勢力は大きく後退した。

　信玄のあとを継いだ*武田勝頼《かつより》（信玄の四男）は、形勢を挽回しようと、積極的に戦いをしかけてきた。天正二年（一五七四）六月、勝頼は自身遠江に出陣して、*高天神《たかてんじん》の城に攻め寄せた。武田軍を迎えることになった家康は、同盟関係にあった織田信長に救援を依頼、信長も自身出馬して三河に入り、十七日には吉田城まで到着した。信長はここから東に進んで遠江に入り、*今切《いまぎれ》の渡しを渡海して高天神城を救おうとしたが、武田軍によって城がすでに奪われたという知らせを聞き、しかたなく吉田に引き返し、家康も浜松城を出て吉田に到着して、信長に礼を述べた。『*信長公記《しんちょうこうき》』によれば、このとき信長は兵糧代として黄金の入った皮袋を二つ、馬につけさせて家康に与えたが、城代の酒井忠次の指示で、重い皮袋を二人の男に持ちあげさせるというパフォーマンスが広間でなされ、多くの人が見物に来たという。

　年明けて天正《てんしょう》三年（一五七五）、武田勝頼は本格的に三河侵攻を開始した。四月になって*山県昌景《やまがたまさかげ》に率いられた武田軍が*足助《あすけ》に攻め入り、城主を降伏させて城を手に入れた。続いて武田の軍勢は東に進んで野田城に迫り、城主の菅沼定盈はかなわないと悟って逃亡する。野田城を押さえた武田軍はそのまま進んで、四月二十九日、吉田城に向かって押し寄せた。

　このとき家康は浜松を出て吉田城に入っていたが、武田の軍勢に対抗するため、

長篠城——現在の新城市長篠にあった城。

武田勝頼（一五四六〜八二）——信玄の四男。兄の義信の誅殺により信玄の後継者となる。

高天神城——現在の静岡県掛川市上土方嶺向にあった山城。

今切の渡し——浜名湖が太平洋につながる場所にある渡し場で、新居と舞坂（舞阪）をつなぐ。

信長公記——織田信長の事績をまとめた伝記で、編者は太田牛一。

山県昌景（?〜一五七五）——飯富虎昌の弟で、武田信玄の側近として活躍し、駿河江尻の城代にも任じられる。

足助——現在の豊田市足助町。足助城（真弓山城）があった。

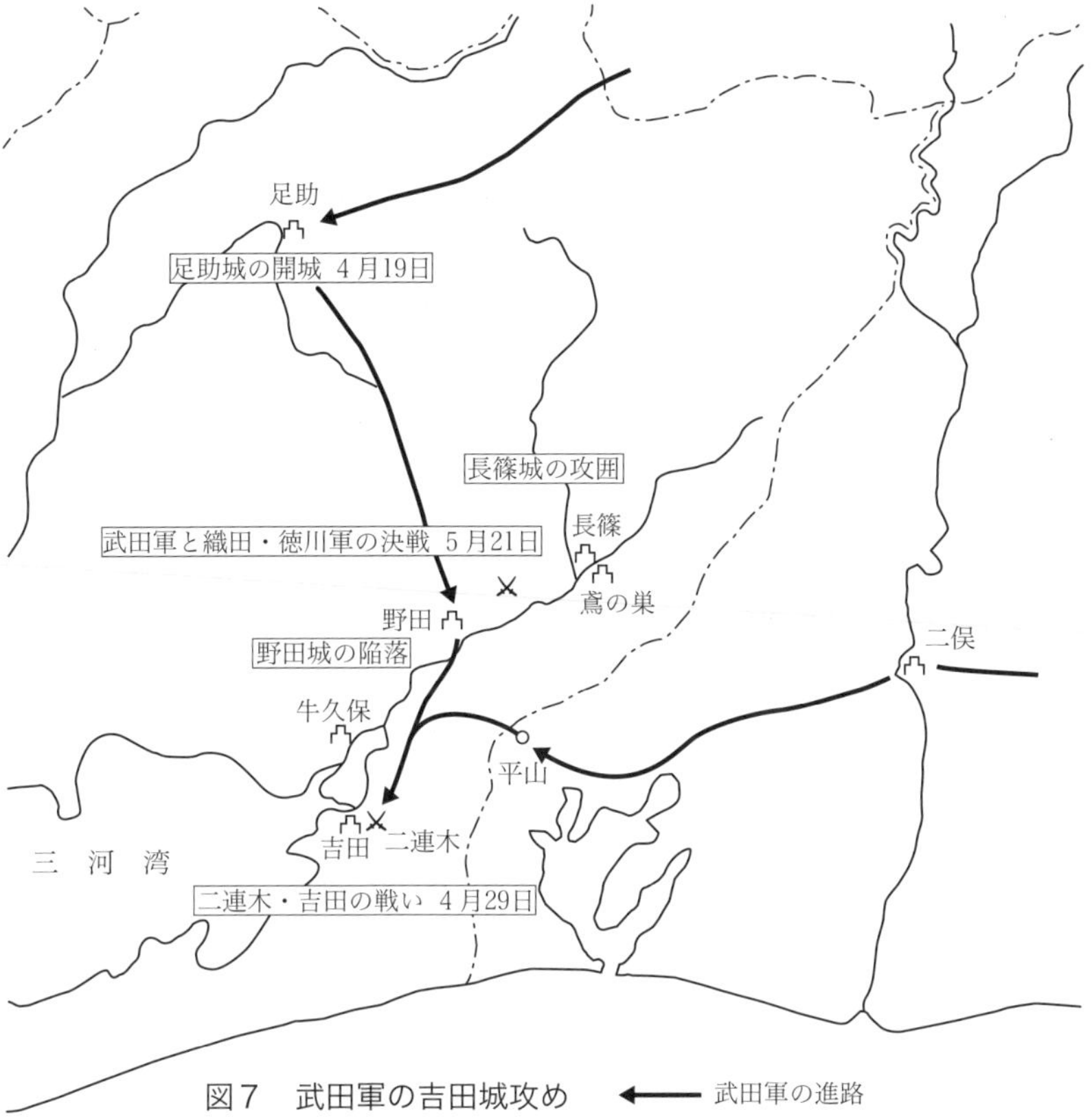

図7　武田軍の吉田城攻め

家康配下の武士たちは二連木の城に集まって、敵の攻撃を防ごうとした。兵士たちはよく戦ったが、敵兵の一部が搦め手に廻ったのを見て、このままだと全滅してしまうと考え、城を放棄して吉田に退いた。こうした状況を見て、家康は自身吉田城から出て武田軍に戦いを挑んだが、二連木城のそばで押し返され、結局吉田城に戻っていった。

この戦いのときには、武田勝頼もその場にいたようである。このとき家康の軍勢の一員として働いた*大沢基胤《おおさわもとたね》の功績を、子息の大沢基宥が後日記録に残しているが、この記事によると、このとき勝頼は遠江の*平山《ひらやま》を越えて三河に入ったという。おそらく大将の勝頼は遠江の二俣から平山越えを通って三河に入り、山県昌景の率いる別動隊と合流したのだろう。

軍勢を二手に分けて三河に攻め込んだ武田軍は、家康方の拠点である吉田城のすぐそばまで迫ったが、家康の軍勢が多数いるのを見て、簡単に陥落させることは困難だと考え、大将の勝頼は吉田城の攻略をあきらめて引き返し、もうひとつの標的である長篠城を攻め落とそうと、城のそばに布陣して圧力を加えた。とりあえずの危機を克服した家康は、前年同様に織田信長に救援を依頼し、こんども信長が軍勢を率いて自身出馬してきた。信長と家康の連合軍は牛久保から出発して東に進み、武田の軍勢と向かい合った。

そして五月二十一日、織田・徳川連合軍と武田軍の決戦がなされることになる。まず吉田城代の酒井忠次を大将とする軍団が、長篠城のすぐそばにある*鳶《とび》の巣の砦を襲い、武田信実《のぶざね》らの一団を壊滅させた。これを見た武田勝頼は、*医王寺《いおうじ》の本陣を出発して西に進み、「あるみ川」（現在の*連吾川《れんごがわ》）の手前に陣取り、川の西にいる家康の本陣に攻撃をしかけた。しかし家康方の軍勢は意外に多く、また前面に配置された柵に阻まれて、武田方の兵士たちは跳ね返され、東に向かって退却する途中、多数の武将や兵士が討ち取られた。

この一連の戦いの中で、牧野や戸田の一門も家康方の一員として活躍したことが、『寛永諸家系図伝』『寛政重修諸家譜』の記事からうかがえる。最初の吉田の戦いのときには、戸田左門（信世）が*水野忠重《みずのただしげ》・*渡辺守綱《わたなべもりつな》らとともに進んで敵陣を突き崩

大沢基胤（一五二六〜一六〇五）——遠江村櫛荘の領主で、今川氏に従って堀江城を守る。家康軍の攻撃に耐えたのち、和睦して家康に従う。子孫は江戸幕府の高家となった。

平山——現在の浜松市北区三ヶ日町平山。

鳶の巣砦——現在の新城市乗本にあった砦。

医王寺——現在の新城市長篠にある曹洞宗の寺。

連吾川——三河東郷駅の北から西を流れる。

水野忠重（一五四一〜一六〇〇）——水野信元の弟。家康に従って活躍し戦功を挙げる。のちに三河刈谷・尾張緒川を領し、織田信長・信雄や羽柴秀吉に従う。

渡辺守綱（一五四二〜一六二〇）——家康に従い各地の戦いで活躍。鑓の名手として知られる。晩年は家康の九男義直に付けられ、名古屋で死去した。

すといった戦功をあげており、酒井忠次の鳶の巣城攻略にあたっては、牧野康成と一門の牧野半右衛門（定成の子）が従軍して戦功をあげ、先述の戸田左門や戸田半平（重元）といった戸田一門も軍団に加わり活躍したという。牧野康成もすでに二十一歳、一人前の武将として活躍するようになっていたのである。

◉——徳川領国の拡大

戦い敗れた武田軍は姿を消し、徳川家康は大きな危機を乗り越えた。そしてこのたびの一戦での勝利は、東三河の一帯や、この地域を本拠とする武士たちにとっても大きな意味をもつものだった。武田勝頼は健在だったが、武田の軍勢が東三河に攻め入ることはなくなり、この地域にようやく長い平和が訪れたのである。

ただ牧野や戸田といったこの地域の武士たちが戦いから解放されたわけではなく、彼らは東三河を離れて遠江や駿河の前線に送り込まれ、武田軍との戦いに参加することになる。牧野康成は、遠江東端の牧野城*を守るよう命じられ、補佐役の松井忠次とともに城代をつとめることになる。

家督を継いだときは三歳の少年だった戸田康長（孫六郎）も、このころには成長し、やがてかねて約束していた家康の妹との婚儀がとり行われた。天正六年（一五七八）の秋のことで、康長は十四歳になっていた。まもなく康長も武田との戦いに送り込まれ、遠江の高天神城攻めで初陣をつとめたと伝えられている。また戸田一

牧野城——現在の静岡県島田市牧之原にあった城。もと諏訪原城といった。

門の長老格にあたる戸田忠次も高天神城の攻撃の際には軍勢に加わり、徳川軍が大井川を越えて駿河の田中城を攻めたときには、惣領の康長とともに従軍して戦功をあげている。

徳川と武田の戦いは数年続くが、天正九年（一五八一）に高天神城が陥落すると武田の劣勢は明らかとなった。そして年明けて天正十年の春、織田信忠に率いられた軍勢が信濃に攻め入り、武田勝頼は甲斐の*田野《たの》で滅亡してしまう。このとき家康は信長の指示を受けて駿河に攻め入り、*穴山信君《あなやまのぶただ》を降伏させて駿河一国を手中に収めた。

織田信長も甲斐に入って武田の遺領の配分を行い、徳川家康は駿河を領国に加えることを認められた。宿願を果たした信長は、駿河・遠江経由で安土に戻るが、その途中で吉田に立ち寄り歓待を受けている。このときのことは信長に仕えた*太田牛一《おおたうしかず》が著した『信長公記』に詳しく書かれている。信長は四月十七日に吉田に一泊し、翌日「吉田川」を越えて「五位」に設けられた御茶屋で接待を受けた。御茶屋はすべて「のし葺き」で、前には橋が懸けられて、見事なものだったとここにはみえる。この「五位」は*御油《ごゆ》のことだろうが、東海道沿いの宿場町である御油の地に豪華な御茶屋が作られて、信長の接待の場となったのである。また遠江から三河に入る山路の「本坂《ほんさか》」と、御油から岡崎に行く途中の山路である「長沢」についても、岩を砕いて石を撤去するという作業をして平らな道を作った。信長がお通り

田野——現在の山梨県甲州市大和町田野。

穴山信君（一五四一～八二）——甲斐の西南部を本拠とする武将。武田信玄に従い、駿河江尻城主となる。本能寺の変の時に堺にいて、帰国の途中に襲われて死去した。

太田牛一（一五二七～？）——尾張の出身で信長や秀吉に仕え、引退後に『信長公記』『大かうさまくんきのうち』などをまとめた。

御油——現在の豊川市御油町。

になるということで、道路の整備が急いでとり行われたのである。

このあと家康は安土に招かれて信長に会い、*堺《さかい》に赴いて見物を楽しんでいたが、ここで一大事が起きる。毛利討伐のために京都に出てきていた信長が、重臣の*明智光秀《あけちみつひで》の軍勢に襲われて討死してしまったのである。知らせを聞いた家康は、わずかな家臣とともに決死の帰国を敢行し、近江から伊賀・伊勢を通って、なんとか三河にたどりついた。酒井忠次をはじめとする主力の家臣はこのとき家康と行動を共にしたが、そのなかに牧野半右衛門の姿もあった。

こうして家康はまたまた危機を乗り越えたが、信長の横死《おうし》は家康にとってまたとない領国拡大の好機をもたらした。武田滅亡ののち、甲斐には信長家臣の河尻秀隆《かわじりひでたか》が入部していたが、信長死去のしらせが広がって国内が混乱し、河尻は地域の武士たちによって殺されてしまう。甲斐は権力の空白地帯になったが、家康はこの機を逃さず、自ら甲斐に入って難なく一国をまとめ、さらに信濃に攻め入って、諏訪や依田といった国人たちを服属させたのである。その後同じく信濃に入った北条氏の軍勢と向かい合うことになるが、やがて北条と和睦を結んで、信濃の過半を領国に組み入れることに成功した。こうして徳川の領国は大きく広がり、三河・遠江・駿河・甲斐・信濃の五か国にまたがることになる。

このころ牧野康成は駿河の*長窪城《ながくぼじょう》を守るように命じられる。最初は重臣の稲垣平右衛門（長茂）が代官として城を守ったが、やがて康成自身が城に入り、徳川領国

堺——和泉国と河内国の境に開けた都市で、戦国時代に栄えた。現在の大阪府堺市。

明智光秀（?〜一五八二）——織田信長に仕え、近江坂本城や丹波亀山城を拠点としながら畿内近国の政治に関わった。信長を討ったのち、羽柴秀吉と戦い敗死した。

長窪城——現在の静岡県駿東郡長泉町下長窪にあった城。

の東端の守備を担うことになったという（寛政重修諸家譜）。戸田一門の戸田忠次は大津にいたが、天正十一年の二月、忠次の子息の尊次《たかつぐ》と深溝《ふこうず》の松平家忠の妹の婚儀が大津でとり行われた。しばらくあとには吉田城代酒井忠次の嫡男家次《いえつぐ》の婚礼があり（相手は穴山信君の娘）、さらに長沢家の松平康忠の娘が形原《かたはら》の松平家信のもとに嫁ぐことになる。家康に従って活躍した武将たちの子息もそれぞれ成長し、地域の武将たちは縁組によって協力関係を確かなものにしようとしたのである。

東日本に巨大な領国を築き上げた家康は、信長のあとを受け継いで畿内を押さえた*羽柴秀吉《はしばひでよし》と向かい合うことになり、天正十二年、尾張の*織田信雄《のぶかつ》と結んで秀吉に戦いを挑んだ。家康は尾張の*小牧山に陣を取り、秀吉も軍勢を率いて美濃から尾張に入った。四月には*長久手《ながくて》で戦いがあり、家康が勝利を収めるが、秀吉方もひきさがらず、両軍の対陣が続いた。しかしやがて和議がもちあがり、家康もとりあえずこれを受け入れて戦いは終わった。この一連の戦いのとき、戸田忠次は尾張知多の大野にいたが、船で海を渡って伊勢に向かい、秀吉方の*九鬼嘉隆《くきよしたか》と戦ったという（寛永諸家系図伝）。また戸田康長は長久手の戦いに参加して戦功をあげている（同上）。康長もこのときには二十一歳になっていた。

●――譜代大名としての展開

家康との講和をまとめた羽柴秀吉は、天正十三年（一五八五）に*関白《かんぱく》に任じられ、

羽柴秀吉（一五三七〜九八）――尾張の出身で、織田信長に仕えて頭角を現わす。近江長浜城主となり、さらに中国方面に出て毛利氏と戦う。信長の死後、明智光秀を討って政権の中心におどり出た。

織田信雄（一五五八〜一六三〇）――信長の次男。はじめ伊勢の北畠家を継ぎ、信長の死後、尾張を領して清洲城主となる。

小牧山――現在の小牧市小牧にある山。もと織田信長の居城があった。

長久手――現在の長久手市長湫（ながくて）・岩作（やざこ）のあたり。

九鬼嘉隆（一五四二〜一六〇〇）――志摩の出身で、織田信長に従い、水軍を率いて活躍。鳥羽に築城し拠点とする。

関白――天皇を補佐して政務を行う職。藤原氏一門の近衛・九条・鷹司・二条・一条の五家が交代で就任した。

国衆――地域に拠点をもつ領主。東三河の国衆の多くは酒井忠次に従っていた。

後陽成天皇（一五七一〜一六一七）――祖父の正親町天皇のあとを継ぎ、二十五年間在位。秀

吉や家康の援助を得て朝廷の権威回復を実現した。

聚楽第――羽柴（豊臣）秀吉が京都に造営した邸宅。天皇の行幸の後、関白秀次の居所となったが、秀次の死後破壊された。

写真10　酒井忠次の制札（普門寺所蔵）

列島の統一を本格的に推し進めた。家康はこれに反発しながらも、秀吉のもとで勢力を保持するのが得策と考え、歩み寄りの姿勢を見せた。そして天正十四年、両者の同盟の証として、秀吉の妹（旭姫《あさひひめ》）が家康のもとに輿入《こしい》れすることになる。五月十二日に一行は吉田に到着、城代の酒井忠次は配下の*国衆《くにしゅう》たちに接待を命じたが、二連木の戸田康長もその中にいて、織田源五と滝川三郎兵衛をもてなしている。また戸田左衛門尉（左門）は伊藤太郎左衛門に宿所を提供した。

旭姫を浜松に迎え入れた家康は、ようやく秀吉と会うことを決意して浜松を出発、京都に入ったのち、大坂城に赴いて秀吉と会見した。このとき家康に従った家臣の中には、牧野康成と一門の牧野半右衛門がいた。二年後の天正十六年に家康が上洛したときにも、牧野康成は従士の一員に加わり、*後陽成《ごようぜい》天皇の*聚楽第行幸《じゅらくだいぎょうこう》の儀式にも参加して、従五位下の位階を与えられたという（寛政重修諸家譜）。

このころ家康は本拠を浜松から駿府に移していて、酒井忠次は家康に従って駿府にいた。吉田には嫡男の小五郎家次がいて、東三河を押さえていたが、まもなく忠次は隠居して家次が家督を継いだ。天正十六年十月のことである。このとき忠次は六十二歳。重臣筆頭として家康を支え、吉田城代として東三河のまとめ役を担った彼も、ようやく第一線から退くことになったのである。

家康が東三河を平定してから、すでに二十年以上の歳月が経過していた。牧野や戸田など東三河出身の武士たちは、家康のはじめからの家臣ではなく、途中から服属したという経緯をもつが、家臣団の一員として活動を続けるなかで、酒井や本多・大久保といった西三河出身の譜代家臣とあまり違わないような存在になってゆく。そしてまもなくして家康が関東移封を命じられると、牧野も戸田も家康に従って三河を離れることになるのである。

天正十八年（一五九〇）三月、秀吉は小田原の北条氏を討伐するため、大軍を率いて大坂を出発、家康も命を受けて出陣する。大軍の包囲を受けて北条氏は降伏するが、その領国をすべて没収した秀吉は、かつての北条氏領だったところを家康に与えるから、これまでの領国を返上するようにと指示を下したのである。三河・遠江・駿河・甲斐・信濃の領国を手放して、家康は新天地の関東に入部することになり、八月一日、本拠となる江戸城に入った。

家臣たちもすべて家康に従って本拠を離れ、関東の各地であらたな所領を与えられることになった。*井伊直政《いいなおまさ》が上野《こうずけ》*箕輪《みのわ》で十二万石を与えられ、*榊原康政《さかきばらやすまさ》は上野*館林《たてばやし》で十万石、*本多忠勝《ほんだただかつ》は上総《かずさ》*大多喜《おおたき》で十万石を領することとなった。このあたりが禄高の最も多い家臣だが、酒井家次は下総《しもうさ》*臼井《うすい》で三万石を与えられるにとどまった。そして牧野や戸田など東三河出身の武士たちにもそれぞれ居城と所領が与えられることになる。いちばん禄高の多いのは牧野康成で、上野の*大胡《おおご》で二万石を与えられ、戸田康長は武蔵の東方（*深谷《ふかや》）で一万石を領した。一万石以上はこの二人だが、牧野半右衛門（讃岐守《さぬきのかみ》、このころには家康から一字を拝領して康成《やすしげ》と名乗っ

井伊直政（一五六一〜一六〇二）――遠江国の井伊谷（現在の浜松市北区引佐町井伊谷）の領主の子で、徳川家康に仕えて活躍。関ケ原の戦いの後、近江佐和山城主となった。

箕輪――現在の群馬県高崎市箕郷町。

榊原康政（一五四八〜一六〇六）――通称は小平太。三河上野（豊田市）の出身。家康に仕え、多くの戦いで抜群の功績をあげる。

館林――現在の群馬県館林市。

本多忠勝（一五四八〜一六一〇）――通称は平八郎。幼時より家康に仕えて戦功をあげる。関ケ原の戦いでも活躍し、大多喜から伊勢桑名に移る。

大多喜――現在の千葉県夷隅郡大多喜町。

臼井――現在の千葉県佐倉市臼井台・臼井田にあった城。

大胡――現在の群馬県前橋市河原浜町。

深谷――現在の埼玉県深谷市。

ている）は武蔵《むさし》の*石戸《いしど》で五千石を領し、戸田忠次も伊豆の*下田《しもだ》で所領を与えられた。このほか西郷家員《さいごういえかず》は下総の*生実《おゆみ》、本田康俊は下総の*小篠《おささ》を給地として拝領している。

牧野や戸田がその名をみせはじめてから、百二十年あまりの年月が経過していた。互いに競い合いながら命脈を保っていた東三河の武士たちは、三河の故郷を離れてあらたな歩みを始めることになったのである。慣れ親しんだ郷里を去るのはしのびなかっただろうが、零落《れいらく》して逃げ出したわけではなく、以前よりかなり多い所領を与えられたうえでの転身だったわけで、考えてみれば幸福なことだということもできるだろう。そして秀吉没後の混乱の中で、家康が石田三成《いしだみつなり》を打倒して政治の中心に立つと、東三河に故郷を持つ武士たちも拠点を変えながら、その禄高《ろくだか》を加増させていくことになる。

牧野康成は領国の上野大胡で生涯を終えたが、子息の忠成は越後《えちご》に移封ののち、*長岡で七万四千石を領する高禄《こうろく》の大名となった。牧野一門の讃岐守康成は武蔵石戸で五千石を領したが、子の信成は一万七千石まで加増され、孫の親成は丹後《たんご》*田辺《たなべ》で三万五千石の大名となった。戸田康長は武蔵深谷一万石から出発したが、上野*白井、下総*古河《こが》、*常陸笠間《ひたちかさま》、上野*高崎と居城を変えながら禄高を増やし、最後には信濃*松本で七万石を領する大名となった。戸田忠次は伊豆下田五千石を領し、ここで死去したが、子息の尊次は慶長六年（一六〇一）に郷里の田原に入って一万石を領し、その孫の忠昌は下総*佐倉《さくら》を拠点として七万一千石を領する大名に成長した。さらに

石戸――現在の埼玉県北本市石戸。
下田――現在の静岡県下田市。
生実――現在の千葉市中央区生実町。
小篠――現在の千葉県匝瑳市東小笹・西小笹。

長岡――現在の新潟県長岡市。
田辺――現在の京都府舞鶴市。
白井――現在の群馬県渋川市白井。
古河――現在の茨城県古河市。
笠間――現在の茨城県笠間市。
高崎――現在の群馬県高崎市。
松本――現在の長野県松本市。
佐倉――現在の千葉県佐倉市。

戸田左門（一西）は武蔵*鯨井《くじらい》で五千石を領したのち、慶長六年に近江の*大津城を与えられて三万石を領し、まもなく*膳所《ぜぜ》に移ってここで死去した。そしてその子の*氏《うじ》鉄《かね》は摂津《せっつ》*尼崎《あまがさき》を経て美濃《みの》の*大垣《おおがき》に入り、十万石の高禄を得ることになる。

西郷家員は下総生実五千石の領主だったが、子息の正員《まさかず》のときに安房《あわ》に転封になって一万石に加増された。そして伊奈を領していた本田縫殿助《ほんだぬいのすけ》の一流も、大きな禄高を持つ大名に成長する。家を継いだ本田康俊《やすとし》は酒井忠次の次男だったが、下総小篠五千石から出発して、慶長六年には三河の西尾に入って二万石を領し、さらに近江の膳所に移って三万石の大名となる。そしてその子の俊次《としつぐ》のときに、合計七万石の高禄を持つことになるのである。

鯨井——現在の埼玉県川越市鯨井。
大津城——現在の滋賀県大津市浜大津にあった城。
膳所——現在の滋賀県大津市膳所。
戸田氏鉄（一五七六〜一六五五）——大坂の陣では膳所城を守り、尼崎・大垣と移る。島原の乱のときも出陣。新田開発奨励などの政策を進め、大垣藩の基礎を築いた。
尼崎——現在の兵庫県尼崎市。
大垣——現在の岐阜県大垣市。

五　活気づく地域社会

◉――大名に米を貸す武士たち

永禄四年（一五六一）四月、松平の軍勢が東三河に攻め入り、牛久保城に押し寄せてきた。今川方の兵士たちはこれを迎え撃って、なんとか城を守りぬいたが、このとき城内に兵糧米を入れて兵士たちを支えたのは、牧野八大夫（定成）と岩瀬雅楽助《いわせうたのすけ》の二人だった。松平家康が今川に反旗を翻し、これに与同する武士たちも出てくる中で、牛久保城も戦いの準備を始めることになるが、このとき城中には兵糧がほとんどなかった。本来ならば大名である今川氏真が兵糧米を支給すべきところだが、実をいうと大名も経済的余裕がなく、敏速に米を送り届けることができずにいた。そうしたときに牧野と岩瀬が動き、二人で五百俵の米を用立てて城内に運び入れたのである。

松平軍が撤退したあとの四月二十一日、今川氏真は牧野と岩瀬にあてて朱印状《しゅいんじょう》を出し、今回のことは「忠節」だと、感謝の意を述べているが、あわせてこの五百俵分をどのようにして返済するか、その方法を書き出している。「返弁《へんべん》のことだが、菅沼新八郎が知行している遠江国河井郷*の今年秋の年貢米から、利息分もあわせて

河井郷――現在の静岡県袋井市川会。

引き取るように。利息については一割で奉公するということなので、そのようにしたい」。

牧野と岩瀬が用立てた五百俵は、大名への無償のサービスではなく、あくまでも「立て替えた」もので、大名はこの分をきちんと返済する義務を負うことになったのである。しかもこれには利息がついていた。一割の利子ということで「奉公」しますと両人が言ってきたので、好意に甘えることにすると氏真は述べているから、もっと高い利息をかけてもおかしくなかったのかもしれない。

この文書にみえる菅沼新八郎は野田城主の菅沼定盈《さだみつ》で、いちはやく家康方に転じていた。自分に叛いた武士の所領の年貢で、この負債を返そうとしたのだろうが、遠江の河井は遠方なので、米を受け取るのは難しいという問題が発生した。そこで米ではなく銭で返済しようということになり、七月二十日になってあらためて氏真から朱印状が出された（宛先は岩瀬雅楽助）。遠江の吉美郷《きびごう》*の年貢銭から百五十貫文を出させるが、もし銭が不足だったら、この郷の米を売って銭を用意し、百五十貫文にして渡すよう指示する。氏真はこのように約束しているが、そのあとに「ことに利息については、一円に奉公するということ、忠節である」という一文がみえる。はじめは一割の利息がついていたが、結局は無利子になってしまったのである。

利息分はふみたおされたものの、五百俵の兵糧米の立て替え分は、これに相当する銭（百五十貫文）で返済することになり、これは実行されたものと思われる。大

吉美郷——現在の静岡県湖西市吉美。

石清水八幡宮——現在の京都府八幡市に鎮座。平安時代初期に宇佐八幡宮から八幡神を勧請して創建される。多くの荘園を持ち、神人たちが活躍した。

名がきちんと返済に応じているというのも面白いが、やはりこれだけの米をすぐに調達できる地域の武士たちの力量には注目せざるをえない。戦国大名はとても豊かで、武士たちは貧しいというふうに、どうしても考えてしまいがちだが、現実は違っていた。牧野や岩瀬といった地域の武士たちはかなりの経済力を持ち、彼らをまとめているはずの大名のほうが財政的危機に直面していたのである。

◉——八幡八幡宮の奉加帳

豊川市の八幡《やわた》に鎮座する八幡社《はちまんしゃ》（八幡宮《はちまんぐう》）は、*石清水八幡宮《いわしみずはちまんぐう》ともつながりをもつ由緒ある神社だが、永正十七年（一五二〇）のころに、この八幡宮の造営あるいは修理のために、おおがかりな勧進が企画され、多くの人々が金銭を寄付した。このときの奉加帳《ほうがちょう》の写しが四点残されていて、寄付者の名前とその額が一覧できる。名前を記された人は百五十人にのぼるが、献金額の記載のしかたには二種類あり、「二十疋」「十疋」というように「疋《ひき》」を単位とする場合と、「二本」「一本」というように「本」を単位とする場合がある。一疋は十文なので、二十疋は二百文、十疋は百文になる。一方の「一本」はどれくらいの額なのか、よくわからないが、せいぜい五十文程度の少額寄付の場合に、「一本」という単位が用いられたのではないかと思われる。

いまこころみに四点の奉加帳にみえる人々を、寄付額の高い順に一覧表にまとめると、表2のようになる（四点の奉加帳をとりあえずA・B・C・Dとして、どの奉加帳にみえるかを示した）。ただ前述したように、「疋」を単位とする寄付者と「本」を単位とする寄付者がいるので、このおのおのごとに表にまとめることにした。

まず「疋」を単位とするグループを見てみると、最も多い三百疋を献上した人が

表2　八幡八幡宮への奉加

〔○○疋とあるもの〕(○○貫文も含む)　(〈　〉内は細字の記載)

	奉加した人	金額		注記の地名
1	〈平〉信成	300疋	B	今橋・大崎
2	〈水野藤九郎〉近守	300疋	B	
3	〈平〉親成	300疋	C	
4	〈牧野藤太郎殿〉守成	1貫200文(120疋)	D	
5	茂秀	1貫文(100疋)	B	
6	〈平〉忠成	100疋	C	
7	成敏	50疋	B	六角・千両
8	〈牧野右馬允殿〉貞成	50疋	B	
9	家次	50疋	B	
10	信近	50疋	B	
11	〈アイハトノ〉長宣	50疋	C	
12	〈弥太郎殿〉成信	50疋	C	
13	〈贄左近将監〉成秀	50疋	D	
14	〈牧野喜三郎殿〉成安〈御子息御千〉	50疋	D	
15	〈贄掃部殿〉成定	30疋	B	
16	常椿	30疋	B	
17	氏信	30疋	C	
18	白井七郎左衛門成光	20疋	A	
19	〈古河〉楠法師	20疋	B	
20	澄弁〈御松丸・御二位〉	20疋	B	
21	〈松平与一殿〉信定	20疋	B	
22	正助	20疋	B	
23	〈ヲンマ〉達秀	20疋	C	
24	〈赤坂与次郎〉久信	20疋	C	
25	同(アイハ)御しやく	20疋	C	
26	市丸	20疋	C	
27	守信	20疋	C	
28	成頼	20疋	C	
29	高成	20疋	C	
30	八郎兵衛	20疋	C	下千両内
31	〈安知和殿〉茂助	20疋	C	
32	〈牧野甚八郎殿〉成長	20疋	D	
33	〈藤田殿〉御備千代	20疋	D	
34	□明寺	20疋	D	
35	牧彦左衛門守行	12疋	A	梶村内
36	衛門六郎殿	10疋	B	
37	〈古河与八郎殿〉秀光	10疋	B	
38	朝仙	10疋	B	財賀寺
39	良祐	10疋	B	(財賀寺)
40	舜明	10疋	B	(財賀寺)
41	頼実	10疋	B	(財賀寺)
42	頼円	10疋	B	(財賀寺)
43	林与七郎殿	10疋	B	
44	御千々代丸	10疋	B	
45	守政	10疋	B	
46	棹舟(松平長忠)	10疋	B	
47	〈堀平右衛門殿〉重政	10疋	B	
48	〈上村入道殿〉安忠	10疋	B	
49	随身斎(松平親房)	10疋	B	
50	親光(松平)	10疋	B	
51	定藤〈村橋助右衛門殿・赤坂番匠殿〉	10疋	B	
52	〈左衛門二郎殿〉実成	10疋	B	田原
53	親定	10疋	B	
54	茂綱	10疋	B	
55	親吉	10疋	B	
56	熊千代丸殿	10疋	B	二嵩山岩本
57	〈彦次郎殿〉家次	10疋	B	中金
58	〈アイハトノカミ〉祐秀	10疋	C	
59	宇屋之九郎衛門殿	10疋	C	
60	御□□	10疋	D	
61	千代子小法師　二弥八	30文(3疋)	C	

〔○○本とあるもの〕（〈　〉内は細字の記載）

	奉加した人	本数		注記の地名
1	白井九郎右衛門殿定次	6本	A	大村内
2	白井喜藤次郎殿光次	6本	A	
3	祐次	5本	B	麻生田・加茂
4	朝久	5本	B	かち山
5	〈石田孫五郎殿〉吉頼	5本	B	
6	国法師殿	5本	B	
7	成久	5本	C	
8	〈千松子〉彦五郎吉久	3本	A	竹内
9	〈二郎兵衛殿〉利久	3本	B	
10	〈三郎大夫子息〉次郎衛門	3本	B	
11	〈稲垣半六殿〉氏俊	3本	B	加茂内
12	〈保田三郎五郎殿〉信秀	3本	B	
13	左近右衛門成信	2本	A	牧野内
14	川出藤三郎家守	2本	A	
15	(川出)藤右衛門信成	2本	A	豊川内
16	山本彦右衛門氏宗	2本	A	馬場内
17	(山本)藤右衛門守久	2本	A	ふか田内
18	(山本)四郎左衛門尚守	2本	A	くさかべ内
19	(山本)三郎左衛門定守	2本	A	
20	(牧)甚右衛門守善	2本	A	
21	石黒左衛門太郎殿成吉	2本	A	ヲンマ内
22	白井三郎右衛門定国	2本	A	
23	白井喜六郎久次	2本	A	
24	(白井)定光	2本	A	
25	〈鵜飼殿〉栄忠	2本	B	嵩山
26	〈石田孫三郎殿〉師久	2本	B	
27	〈二橋三郎四郎殿〉勝久	2本	B	
28	〈藤二郎〉久吉		B	
29	定金　次郎兵衛	2本	B	大崎内
30	守次　〈子息〉左衛門七郎	2本	B	
31	〈同〉衛門七郎	2本	B	
32	道久〈六左衛門〉	2本	B	六角内
33	〈彦左衛門〉清信	2本	B	
34	藤兵衛	2本	B	同(加茂内)
35	定久	2本	B	
36	〈家次〉与一郎	2本	B	
37	御千々代丸	2本	B	
38	御千龍	2本	B	
39	〈青山殿〉光家	2本	B	
40	賀玖	2本	B	
41	〈中務殿〉成綱	2本	B	
42	善徹	2本	B	
43	〈アイハ新五郎殿〉吉宣	2本	C	
44	〈アイハ〉御千丸	2本	C	
45	千	2本	C	
46	千代	2本	C	
47	〈鈴木七郎左衛門殿〉宗信	2本	C	
48	左衛門太夫	2本	C	
49	衛門太夫	2本	C	

	奉加した人	本数		注記の地名
50	富安平左衛門勝吉	1本	A	くさかべ内
51	富安藤八郎信久	1本	A	正岡内
52	田久太郎四郎国広	1本	A	
53	右衛門五郎勝則	1本	A	
54	妙清	1本	B	
55	安兼	1本	B	
56	菊千代丸	1本	B	
57	長鶴丸	1本	B	
58	左衛門七郎	1本	B	上千両内
59	左近六郎	1本	B	六角
60	三郎大夫	1本	B	麻生田内
61	大黒	1本	B	
62	〈玄六郎殿〉勝久	1本	B	
63	〈甚衛門殿〉勝幸	1本	B	
64	〈新三郎殿〉為勝	1本	B	
65	〈又七郎殿〉秀清	1本	B	
66	小法師〈おうな〉	1本	B	
67	ますこ	1本	B	
68	〈イナカキノ子〉歳末子	1本	B	
69	若法師	1本	B	
70	〈同〉先	1本	B	
71	〈中間与五郎之子〉小屋法師	1本	B	
72	〈市場〉一若殿	1本	B	
73	新発意	1本	B	
74	菊子	1本	B	
75	〈青山子〉牛子	1本	B	
76	稲垣半五郎	1本	B	
77	〈中将殿〉千代子	1本	B	
78	金山殿	1本	B	
79	〈平五殿〉成光	1本	B	
80	竹法師殿	1本	B	
81	〈中殿内〉御くろ	1本	B	
82	御吉丸	1本	B	
83	御夜叉丸殿	1本	B	
84	長井与次郎	1本	B	
85	富安藤次郎	1本	B	
86	源三郎	1本	B	
87	衛門五郎・又四郎	1本	B	
88	了侍者	1本	B	
89	信秀	1本	B	
90	秀家	1本	B	
91	家久	1本	C	
92	弥四郎	1本	C	
93	弥三郎殿　連信	1本	C	
94	〈長井与次郎殿〉秀助	1本	C	
95	四郎左衛門殿	1本	C	
96	左近五郎殿	1本	C	
97	左衛門七郎殿	1本	C	

実名——「信成」「近守」といった名前のこと。「藤九郎」「弥太郎」といった名前は通称または仮名（けみょう）とよばれる。

三人いる。一人は牧野家惣領《そうりょう》の牧野信成で、「親成」という人も牧野の一門かもしれない。また尾張と三河の国境地域に勢力をもつ水野一門の水野近守《ちかもり》も三百疋を寄付している。この奉加帳には水野氏の関係者がいくらかみえるが、八幡の八幡宮と水野氏は深いつながりがあったのかもしれない。

そのあと牧野の一門や地域の人々が名前を連ねるが、その中には名字を明記している者もいる。贄《にえ》・白井・古河・藤田・牧・林といった人々である。また財賀寺《ざいがじ》の僧侶五名が十疋ずつ寄付しているのも注目される。「疋」を単位とする寄付者は六十人ほどだが、ほとんどが十疋（百文）を単位として銭を献上しており、また実名《じつみょう》*をのせる人が多いから、それなりの身分をもつ武士クラスの人たちがここに名前を出しているということができるだろう。ちなみに「疋」単位の献金額をすべて合計すると二三〇〇疋（二十三貫文）余になる。

一方の「本」を単位とする寄付者は百人に及ぶ。最も多い六本を寄付したのは白井九郎右衛門尉定次と白井喜藤次郎光次だが、彼らは二十疋を寄付している白井七郎左衛門成光の一族であろう。白井氏の一門にはこのほかに二本を寄付している白井三郎右衛門定国と白井定光がいる。このほか名字が明記されているのは、石田（二名）・稲垣（三名）・川出《かわで》（二名）・山本（四名）・富安《とみやす》（三名）といった面々である。「本」単位で寄附された銭の総額は一七二本になる。仮に一本が五十文とすると、全体で八貫六百文になる。

賀茂――現在の豊橋市賀茂町。

水野の一門や松平一門の名前もみえるが、百六十人にのぼる奉加者のほとんどは東三河に住んでいる武士やその家族であり、注記されている地名をみると、宝飯郡（西郡をのぞく）を中心にしながら、今橋・嵩山《すせ》・賀茂*など、豊川の東の地域にも及んでいることがわかる。八幡の八幡宮と日常的につながりを持っていた地域の武士たちが、それぞれの資力に応じてまんべんなく寄付をして、総額で三十貫文を超える銭が集められたのである。

今橋の牧野信成をはじめとする領主たちが多額の寄付をしていて、造営事業の中心にいたことはまちがいないが、こうした一部の領主だけが関与していたわけではない、彼らの家臣になっていくような地域の中小の武士たちが、進んで寄付行為を行っていた。地域の中核にある神社を造営するために、それなりの金銭を寄付できるような財力を、彼らはおしなべて有するようになっていたのである。

●――神社造営ブームの到来

地域の人々の寄付によって八幡の八幡宮は造営されたものと思われるが、こうした事業が行われたのは、もちろんここだけではない。社寺の造営にあたってはその事業を記念する棟札《むなふだ》が作られるのが一般的だが、東三河地域の神社や寺院にはこうした棟札が多く残されていて、そのなかには戦国時代のものも相当数ある。現存している棟札や、その内容が記載された文書などをもとに、社寺造営のようすを具体

表３　社寺造営・修理一覧

	年月日	西暦	社寺名	事業の内容
1	文明３年４月８日	1471	和田棡本八幡社(豊橋市石巻本町)	八幡大菩薩の遷宮
2	文明３年12月11日	1471	財賀寺(豊川市財賀町)	鎮守八所権現の建立
3	文明９年２月	1477	鹿島神社(豊橋市雲谷町)	鹿嶋宮の造営
4	文明15年４月27日	1483	財賀寺(豊川市財賀町)	宮殿の造営
5	文明17年閏３月	1485	和田棡本八幡社(豊橋市石巻本町)	八幡大菩薩の造営
6	延徳元年10月23日	1489	比売天神社(豊橋市下条東町)	社檀の造立
7	延徳３年９月	1491	和田棡本八幡社(豊橋市石巻本町)	藤社大明神宮の造営
8	延徳３年11月15日	1491	馬越素盞鳴神社(豊橋市石巻本町)	牛頭天王宮の造営
9	明応２年９月14日	1493	和田棡本八幡社(豊橋市石巻本町)	八幡宮の上葺
10	明応３年２月12日	1494	上賀茂神社(豊川市萩町)	賀茂大明神・祇園牛頭天王の造営
11	明応４年３月	1495	安海熊野社(豊橋市魚町)	安海大権現拝殿の造営
12	明応６年11月17日	1497	安久美神戸神明社(豊橋市八町通)	新神戸郷社頭の造立
13	明応10年３月16日	1501	月ケ谷若一王子社(豊橋市嵩山町)	上葺
14	文亀３年５月21日	1503	杉山八幡社(豊橋市杉山町)	長杉大明神殿の造立
15	永正２年11月28日	1505	多米春日社(豊橋市多米町)	八所□□□の上葺
16	永正３年８月10日	1506	吉田神社(豊橋市関屋町)	天王宝殿の造営
17	永正５年４月14日	1508	馬越素盞鳴神社(豊橋市石巻本町)	牛頭天王宮の造営
18	永正６年11月29日	1509	逆戈神社(豊橋市浜道町)	大明神殿の造立
19	永正７年10月	1510	下賀茂神社(豊川市萩町)	賀茂大明神・牛頭天王宝殿の造営
20	永正13年２月３日	1516	八幡社(豊川市赤坂町)	若宮の造立
21	永正14年11月24日	1517	久保神社(豊川市久保町)	若一王子宝殿の造立
22	永正14年11月	1517	和田棡本八幡社(豊橋市石巻本町)	八幡大菩薩宮の造営
23	永正16年12月３日	1519	馬越素盞鳴神社(豊橋市石巻本町)	鳥居の再興
24	大永元年９月11日	1521	稲荷神社(豊川市為当町)	伊成立大明神の造立
25	大永２年９月６日	1522	萩原神社(豊川市御津町赤根)	赤根郷大明神の造宮
26	大永２年12月19日	1522	八幡神社(豊川市二葉町)	楽筒八幡大菩薩の再興
27	大永３年４月11日	1523	伊知多神社(豊川市市田町)	大明神社社頭の造立
28	大永５年12月晦日	1525	多米春日社(豊川市多米町)	八所社の上葺
29	享禄５年４月14日	1532	馬越素盞鳴神社(豊橋市石巻本町)	牛頭天王の上葺
30	天文２年９月24日	1533	和田棡本八幡社(豊橋市石巻本町)	八幡宮の再興
31	天文５年８月13日	1536	五井素盞鳴神社(豊橋市下条西町)	天王宮鳥居の造建
32	天文10年11月15日	1541	大崎八幡社(豊橋市大崎町)	八幡宮の建立
33	天文10年11月15日	1541	下五井日吉神社(豊橋市下五井町)	山王宝殿の再造
34	天文11年3月19日	1542	牟呂八幡社(豊橋市東脇)	牟呂郷八幡宮の上葺
35	天文13年２月	1544	横須賀進雄神社(豊橋市横須賀町)	医王善逝宝殿の建立
36	天文14年12月3日	1545	菟足神社(豊川市小坂井町)	菟足大明神宝殿の造宮
37	天文14年12月	1545	多米春日社(豊橋市多米町)	多米郷八幡宮の造営
38	天文15年４月	1546	御津神社(豊川市御津町広石)	御津大明神宝殿の上葺
39	天文16年４月17日	1547	犬頭神社(豊川市千両町)	犬頭大明神の造立
40	天文16年６月13日	1547	吉田神社(豊橋市関屋町)	牛頭天王神輿の造立
41	天文17年８月７～15日	1548	鹿島神社(豊橋市雲谷町)	鹿嶋宮宝殿の造営
42	天文17年９月13日	1548	藤ケ池素盞鳴神社(豊橋市下条東町)	下条郷天王宮の上葺
43	天文17年11月８日	1548	吉田神社(豊橋市関屋町)	新神部郷□社頭の造立
44	天文18年11月15日	1549	比売天神社(豊橋市下条東町)	牛頭天王宮の上葺
45	天文19年9月	1550	和田棡本八幡社(豊橋市石巻本町)	八幡宮の造営
46	天文19年11月17日	1550	安久美神戸神明社(豊橋市八町通)	神明宝殿の造営
47	天文20年4月12日	1551	大村八所神社(豊橋市大村町)	八王子社頭の造建
48	天文20年12月	1551	素盞鳴神社(豊川市長草町)	牛頭天王薬師如来の造立
49	天文21年12月6日	1552	平井八幡社(豊川市平井町)	菟足大明神勧請社頭の造建
50	天文22年4月23日	1553	日色野熊野大神社(豊橋市日色野町)	熊野本宮大権現の上葺
51	天文22年5月13日	1553	大恩寺(豊川市御津町広石)	大恩寺仏殿の建立
52	天文22年12月13日	1553	東田神明宮(豊橋市東田町)	姜村神明宮の造立

	年月日	西暦	社寺名	事業の内容
53	天文23年6月	1554	吉田神社(豊橋市関屋町)	天王宮の造営
54	天文23年9月10日	1554	三明寺(豊川市豊川町)	宮殿の造立
55	天文23年11月11日	1554	下五井日吉神社(豊橋市下五井町)	山王宮宝殿の上葺
56	天文24年11月17日	1555	守公神社(豊川市国府町)	守宮神の造立
57	弘治2年12月	1556	熊野神社(豊川市馬場町)	新宮大明神の造営
58	永禄元年9月15日	1558	北埜神社(豊川市橋尾町)	天神社の勧請
59	永禄元年11月15日	1558	和田椙本八幡社(豊橋市石巻本町)	藤社大明神宮の造営
60	永禄4年2月	1561	多米春日社(豊橋市多米町)	八所大明神社頭の上葺
61	永禄6年11月28日	1563	牟呂八幡社(豊橋市東脇)	八幡宮の修理
62	永禄9年9月晦日	1566	和田椙本八幡社(豊橋市石巻本町)	八幡大菩薩宮の上葺
63	永禄9年12月	1566	素盞嗚神社(豊橋市下条東町)	社頭の上葺
64	永禄10年6月1日	1567	八王子神社(豊川市長沢町)	当社の新造立
65	永禄11年3月	1568	五井素盞嗚神社(豊橋市下条西町)	下条郷天王宮の上葺
66	永禄11年3月	1568	赤岩寺(豊橋市多米町)	本堂の造立
67	永禄12年6月14日	1569	稲荷神社(豊川市為当町)	稲荷大明神三社の造立
68	永禄13年4月26日	1570	天神社(豊川市三上町)	天神宮の再興
69	永禄13年9月14日	1570	素盞嗚神社(豊川市長草町)	五頭天王薬師如来の造立
70	元亀元年11月12日	1570	久保神社(豊川市久保町)	若一王子の勧請
71	元亀元年12月6日	1570	菟足神社(豊川市小坂井町)	菟足大明神宮の上葺
72	元亀2年11月27日	1571	岩崎日吉神社(豊橋市岩崎町)	砥鹿大菩薩宝殿の造立
73	元亀2年12月	1571	比売天神社(豊橋市下条東町)	下条郷天王宮の上葺
74	天正2年11月	1574	逆戈神社(豊橋市浜道町)	大明神宮の再興
75	天正3年11月20日	1575	白山神社(豊川市御津町金野)	権現宮の上葺
76	天正4年2月	1576	望理神社(豊川市森町)	大明神・牛頭天王両社頭の造営
77	天正4年9月14日	1576	日色野熊野神社(豊橋市日色野町)	熊野三所権現社頭の上葺
78	天正5年12月28日	1577	大村八所神社(豊橋市大村町)	八王子社の修復
79	天正6年4月21日	1578	佐脇神社(豊川市御津町上佐脇)	牛頭天王社頭の上葺
80	天正6年8月15日	1578	御油神社(豊川市御油町)	若一王子の造立
81	天正6年12月13日	1578	安久美神戸神明社(豊橋市八町通)	神明宝殿の造立
82	天正7年2月26日	1579	下賀茂神社(豊川市萩町)	萩保宝殿の造立
83	天正8年4月	1580	素盞嗚神社(豊川市下長山町)	天王社の造立
84	天正8年11月11日	1580	稲荷神社(豊川市東上町)	両社の再興
85	天正8年11月18日	1580	御津神社(豊川市御津町広石)	上葺再興
86	天正8年12月29日	1580	高井正八幡社(豊橋市石巻本町)	大明神宮宝殿の造立
87	天正9年8月	1581	佐脇神社(豊川市御津町上佐脇)	上佐脇山王宮社頭の上葺
88	天正9年9月27日	1581	月ケ谷若一王子社(豊橋市嵩山町)	若一王子社頭の上葺
89	天正9年11月15日	1581	和田椙本八幡社(豊橋市石巻本町)	藤社大明神宮の造営
90	天正10年9月29日	1582	大蔵神社(豊橋市石巻中山町)	
91	天正12年11月	1584	蒜生神社(豊川市三上町)	飛滝宮拝殿の建立
92	天正13年12月	1585	八幡社(豊川市赤坂町)	若宮の造立
93	天正14年3月	1586	比売天神社(豊橋市下条東町)	天王宮鳥居の造立
94	天正14年11月15日	1586	多米春日社(豊橋市多米町)	白山権現精舎の造立
95	天正14年11月	1586	賀茂神社(豊橋市賀茂町)	大伴大明神社頭の再興
96	天正14年12月12日	1586	高井正八幡社(豊橋市石巻本町)	大明神の造立
97	天正15年11月15日	1587	八幡社(豊橋市大崎町)	八幡宮の建立
98	天正15年11月15日	1587	鞍掛神社(豊橋市岩崎町)	若宮八幡宝殿の造立
99	天正15年12月9日	1587	久保神社(豊川市久保町)	若一王子社宇の新造立
100	天正15年12月17日	1587	白鳥神社(豊川市白鳥町)	白鳥大明神宝殿の造立
101	天正16年2月12日	1588	月ケ谷若一王子社(豊橋市嵩山町)	蔵王権現宝殿の造立
102	天正16年11月15日	1588	和田椙本八幡社(豊橋市石巻本町)	若宮八幡大菩薩社頭の造立
103	天正16年11月15日	1588	石巻神社(豊橋市石巻町)	神郷石巻御社の上葺
104	天正17年春	1589	犬頭神社(豊川市千両町)	犬頭大明神の修理

表4　造営・修理がなされた社寺

宝飯郡	八王子神社（豊川市長沢町）	萩原神社（豊川市御津町赤根）
	八幡社（豊川市赤坂町）	大恩寺（豊川市御津町広石）
	上賀茂神社（豊川市萩町）	御津神社（豊川市御津町広石）
	下賀茂神社（豊川市萩町）	佐脇神社（豊川市御津町上佐脇）
	財賀寺（豊川市財賀町）	菟足神社（豊川市小坂井町）
	犬頭神社（豊川市千両町）	平井八幡社（豊川市平井町）
	素盞嗚神社（豊川市長草町）	日色野熊野大神社（豊橋市日色野町）
	伊知多神社（豊川市市田町）	横須賀進雄神社（豊橋市横須賀町）
	守公神社（豊川市国府町）	下五井日吉神社（豊橋市下五井町）
	久保神社（豊川市久保町）	大村八所神社（豊橋市大村町）
	白鳥神社（豊川市白鳥町）	三明寺（豊川市豊川町）
	望理神社（豊川市森）	熊野神社（豊川市馬場町）
	稲荷神社（豊川市為当町）	八幡神社（豊川市二葉町）
	白山神社（豊川市御津町金野）	
八名郡	賀茂神社（豊橋市賀茂町）	高井正八幡社（豊橋市石巻本町）
	天神社（豊川市三上町）	石巻神社（豊橋市石巻町）
	蒜生神社（豊川市三上町）	比売天神社（豊橋市下条東町）
	月ケ谷若一王子社（豊橋市嵩山町）	藤ケ池素盞嗚神社（豊橋市下条東町）
	大蔵神社（豊橋市石巻中山町）	赤岩寺（豊橋市多米町）
	馬越素盞嗚神社（豊橋市石巻本町）	多米春日社（豊橋市多米町）
	和田椙本八幡社（豊橋市石巻本町）	
渥美郡	東田神明宮（豊橋市東田町）	杉山八幡社（豊橋市杉山町）
	安久美神戸神明社（豊橋市八町通）	逆戈神社（豊橋市浜道町）
	吉田神社（豊橋市関屋町）	鞍掛神社（豊橋市岩崎町）
	安海熊野社（豊橋市魚町）	岩崎日吉神社（豊橋市岩崎町）
	牟呂八幡社（豊橋市東脇）	鹿島神社（豊橋市雲谷町）
	大崎八幡社（豊橋市大崎町）	

的にみていくことにしたい。

文明三年（一四七一）に和田（石巻本町）の椙本八幡社《すぎもとはちまんしゃ》が造営されたときの棟札から始めて、天正十八年（一五九〇）に徳川家康が関東に移るまでの間の棟札の記事を年代順にまとめると表3のようになり、全体で一〇四という数になる。一二〇年間で一〇四だから、かなり頻繁に建築工事が行われていたことがうかがえる。

この時代に造営や修造が行われていた社寺を地域別にまとめると表4のようになり、これを地図上におとしたものが図8である。宝飯郡（西郡を除く。現在の豊川市域）に多くの神社があり、八名郡と渥美郡の豊橋市域でも、多くの神社で事業がなされていることがわかる。ただ渥美郡のうち、「奥郡」とよばれた半島部にはほとんど棟札が確認されておらず、この時代のようすはよくわからない。この一帯には伊勢の神宮の神領が広がっていたので、地域の神社が少

図8　造営・修理がなされた社寺

なかったのかもしれないが、詳細は不明である。

続いてこうした記事の数が年代順にどのような変化をみせるか、簡単にまとめた表（表5）を作った。西暦で十年ごとにまとめ、その十年間にどのくらいの棟札記事が残されているかを一覧したものである。まず十年ごとの記事の総数を示し、その中で上葺《うわぶき》や修理などにかかわるものや、「再興」と書かれているもの、さらに鳥居や神輿《みこし》といった付随物の建造にかかわるものの数を年代ごとに記した。上葺・修理や再興などは、本格的な建物の造営とはいえないので、こうしたものを除いた数値を最

表5　社寺造営・修理の年代別の変化

年代	総数	上葺・修理	再興	鳥居・神輿	造営
1471～1480	3				3
1481～1490	3				3
1491～1500	6	1			5
1501～1510	7	2			5
1511～1520	4			鳥居1	3
1521～1530	5	1	1		3
1531～1540	3	1	1	鳥居1	0
1541～1550	15	4	1	神輿1	9
1551～1560	13	2			11
1561～1570	12	6	1		5
1571～1480	15	5	3		7
1581～1590	18	4	1		13

後に示した。

この表を見ると、西暦一五四一年の頃から造営数が急速に伸び、その後はこの状態が続いていることがわかる。総数は年代で差がなく、工事全体の数は一五九〇年に至るまで変化なく経緯しているといえよう。ただ一五六一年から一五八〇年にかけては上葺・修造や再興が多く、純然たる造営の数はやや少なくなっている。

西暦一五四一年は天文十年にあたるが、この頃から社寺造営の数が目立って増えているということができる。ちょうど戸田氏が勢力を伸ばしていた時期である。天文十五年（一五四六）に今川軍が三河に攻め入り、今橋（吉田）も今川によって押さえられるが、今川氏の時代にも社寺の造営は活発になされた。永禄四年（一五六一）から松平家康の軍勢が東三河に攻め入り、今川と松平との戦いが展開されるが、この時期になると上葺や修理などが増える傾向をみせる。永禄九年に東三河は松平（徳川）の支配下に入るが、このあとも社寺造営の勢いは止まらず、多くの神社が造営されたり、上葺・修理の事業がなされたりした。

一五四一年からあとの時期に限ってみてみると、一五九〇年までの五十年の間に、少なくとも七十三回の造営・修造事業が行われていたことになる。もちろん神社がなくなったり、棟札が残らなかったりする場合もあるから、実際の数はこれよりも多かっただろう。東三河の一帯では、いつもどこかで神社の建築が進められているという状況だったのである。

◉――棟札のなかの百姓たち

戦国時代には社寺の造営や修理がさかんに行われ、多くの棟札が残されたが、こうした棟札にはこの事業にかかわった人々の名前が記されていることが多い。地域の領主にあたる武士が「大檀那《おおだんな》」としてあらわれ、遷宮《せんぐう》の儀式の際に導師《どうし》をつとめた僧侶が明記される場合もある。また工事をとりしきった「大工*」の名前も、ほとんどの棟札に書き入れられている。このような中心的な人物の名が書かれている事例が一般的だが、なかには造営や修理にかかわった村人の名前が書き連ねられているものもある。

豊橋市多米町の春日社には、この時代の棟札がいくつか残されているが、永正二年(一五〇五)十一月の上葺、大永五年(一五二五)十二月の上葺、天文十四年(一五四五)十二月の造営、永禄四年(一五六一)二月の上葺の、それぞれの時に作られた棟札四枚には、その裏面に多米郷の百姓たちの名前が多く書き入れられている。ここにみえる百姓の名を列記すると表6のようになる。

永正二年の棟札には十人の百姓の名前がみえる。二十年後の大永五年の棟札には八人の名前がみえるが、この中には永正二年の棟札にみえる百姓と同じ名の人はい

大工――かつては建築工事をとりしきる長官を大工と称した。やがて一般の職人もさすようになる。

表６　多米春日社の棟札にみえる百姓（○は前後の棟札に名前がみえることを示す）

永正２年(1505)	大永５年(1525)	天文14年(1545)	永禄４年(1561)	
右衛門丞	六郎右衛門	九郎兵衛	四郎左衛門	○彦次郎
助大夫	九郎右衛門	六郎衛門	新右衛門尉	左近次郎
衛門大夫	二郎兵衛	○左近衛門	○次郎左衛門	忠衛門
四郎大夫	助兵衛丞	三郎衛門	三郎左衛門	○太郎大夫
二郎左衛門	左近衛門○	○五郎衛門	四郎兵衛	右近大夫
三郎左衛門	半右衛門	二郎左衛門○	次郎兵衛	四郎大夫
兵衛大夫	五郎衛門○	助衛門	衛門三郎	次郎四郎
左近大夫	二郎衛門○	七郎衛門	○太郎大夫	○三郎大夫
助衛門		四郎衛門	馬五郎	藤兵衛
彦大夫		九郎大夫	助太郎	九郎次郎
		太郎大夫○	左衛門九郎	
		三郎大夫○	三郎太郎	
		彦次郎○	四郎五郎	
		○二郎衛門		
		彦大夫		

ない。もちろんこの間に名前が変わっていた人もいるかもしれないが、二十年もたつと百姓のメンバーも入れ替わってしまったということなのだろう。

　このあとまた二十年たって天文十四年に工事があり、棟札の裏面に百姓が連名しているが、ここにみえるのは十五人で、かなり数が増えている。二十年前の百姓と比べてみると、左近衛門《さこんえもん》・五郎衛門・二郎衛門の三人が両方の棟札にみえる。この三人の百姓は、二回の建築工事にかかわることができたのである。

　そしてまた十六年後、永禄四年に上葺の事業がなされたが、このとき棟札の裏面に名前を記された百姓は、二十三人にのぼっている。前回と比べてみても、大幅な人数増である。そしてまた前回の百姓と見比べてみると、次郎左衛門・太郎大夫《たろうだゆう》・三郎太郎・彦次郎の四人が、両方の棟札に名前を見せることがわかる（四枚目の棟札には太郎大夫が二人いる。同じ名前の百姓が二人いることもあったのだろう）。

　永正二年から永禄四年までは五十年あまりの歳月が流れているが、棟札に名前を書く百姓の数は二倍以上に増加することになったのである。ここに名前を載せているのは、この造営事業にかかわり、金銭の寄付をしたりした人で、それなりに一人前の百姓だったと考えることができる。あくまでもおおまかな傾向に過ぎないが、時代を下るごとにそれなりの資力を持ち、寄付行為に参加できる百姓が増えていったことはまちがいないだろう。

同じようなことは豊橋市石巻本町の和田椙本八幡社にある棟札からもうかがうことができる。ここには文明《ぶんめい》三年（一四七一）のものから始まって、数多くの棟札が残されている。文明三年、文明十七年、延徳《えんとく》三年（一四九一）、明応《めいおう》二年（一四九三）、永正《えいしょう》十四年（一五一七）、天文《てんぶん》二年（一五三三）というように、多くの棟札が並ぶが、この時期の棟札には百姓の連名はみえない。ところが続く天文十九年（一五五〇）の棟札からは裏面に百姓の名がみえ、永禄《えいろく》元年（一五五八）、永禄九年、天正《てんしょう》九年（一五八一）、天正十六年の棟札にも多くの百姓の名前がみえる。そしてそれぞれの棟札に記された百姓の数を比べてみると、天文十九年には九名、永禄元年には十五人、永禄九年には十一人、天正九年には十九人、天正十六年には十九人というようになる。ここでも棟札に記される百姓の数がしだいに増えるという傾向がみられるのである。

このうち最後の天正十六年の棟札には、百姓の名前を列記したところの冒頭に「百姓衆宮座《みやざ》当着」と書かれている。「宮座」というのは百姓の集まりのことで、宮座に入ることができるのは、それなりの財力をもつ一人前の百姓だった。このとき和田郷にどのくらいの人がいたかはわからないが、宮座のメンバーとして会合に参加することができたのは、この棟札に列記された十九人だったのである。

寺沢——現在の豊橋市寺沢町。

七根——現在の豊橋市東七根町・西七根町。

中分——土地を半分に分けること。

◉——古文書にみえる百姓たち

戦国時代の東三河では、牧野や戸田といった大きな勢力を持つ領主が登場し、各地に拠点をもつ武士たちは、こうした領主の家臣に位置づけられたりしながら、ときには戦いに参加した。こうした武士たちの活躍がどうしても目を引くが、郷や村で生産活動にいそしんでいた百姓たちも、それなりの資力をもち、地域社会の担い手として立ち現れるようになっていったのである。棟札はこうした現象をよく物語る史料といえるが、当時の古文書の中にも、百姓たちの動きを伝えてくれるものがわずかながら存在する。

天正二年（一五七四）の正月、東観音寺《とうかんのんじ》の住持の玉岫宗璵《ぎょくゆうそうよ》が、寺の所領である「ざる田」と「いけのやの田」の年貢収納のことについて、これまでのいきさつと、そこで決められたことがらについて具体的に記した置文を書いた。その内容は次のようなものである。

「ざる田」についてだが、小島郷の「そし大夫」が死去したあとに、彼の持っている下地について、*寺沢の太左衛門と*七根《ななね》の二郎兵衛が争い、みなが仲介に入って、「*中分《ちゅうぶん》」ということで話が決まった。「ざる田」はこの時荒れていて、中分の対象からはずれたので、小松原の東観音寺に寄進して、五十文ずつ年貢を上納することになった。

形原松平氏——現在の蒲郡市形原町を本拠とする松平一門。
新田——新たに開発した田地。

「いけのやの田」については、かつて寺沢と東観音寺の間でいさかいがあったが、七根の「百姓衆」と「年老」が仲介に入って、五十文ずつ年貢を上納することに決めた。

「ざる田」も「いけのやの田」も、ともに寺沢と七根から五十文ずつ東観音寺に上納するという決まりになっていたことがわかるが、こうした田畠にかかわる紛争が起きたときに、地域の人びとが仲介に入って、事態の解決がはかられていたことがわかる。そしてこうした取り決めについてきちんと記憶していたのも、地域の有力者だった。「ざる田」のことについては六郎右衛門入道常昌《じょうしょう》と二郎兵衛入道道無《どうむ》、「いけのやの田」については七根の六郎右衛門入道常昌から話を聞いたと、東観音寺の住持はこの置文《おきぶみ》に明記しているのである。

地域で問題がおきたときには、近隣の百姓たちで相談し、あらたな取り決めを作ったりしていたのである。郷や村の百姓たちは、かなりの自立性を持つ存在として認められるようになっていったが、そのような中で、百姓あての文書が領主から出されることもみえるようになってくる。天正七年（一五七九）十一月、吉田城代の酒井忠次と*形原《かたはら》家の松平家忠が連署して「吉田横須賀原」の新開発田畠にかかわる定書を出しているが、その宛先は「吉田方*新田《しんでん》百姓中」だった。「吉田方新田」といわれる新田村《しんでんそん》がすでに存在していて、そこの百姓たちが横須賀原を開発して屋敷や田畠を作っていたわけだが、この定書では三年間は年貢を免除し、そのあとは畠方の二貫文を上納するようにと定めており、*人足役《にんそくやく》などもかけないから、新田の堤の修理をきちんとするようにと指示している。

新田開発が進められるのは領主にとってもありがたかったから、年貢を一時免除するなどして百姓たちを援助しようとしたのだろうが、地域の百姓たちが開発を担い、領主からもその力量を認められているようすを、こうした文書からうかがうことができるのである。

人足役——住人たちに賦課された労役。徴発されて労働に従事する。

おわりに

十五世紀の半ばすぎに史料の上に姿をみせはじめた牧野氏と戸田氏は、さまざまの拠点を押さえながら勢力を広げ、地域の領主として発展していった。牛久保を本拠とする牧野氏と、田原を拠点とする戸田氏は争いをくりかえし、今橋（吉田）の地は両者の争奪戦の対象となった。牧野も戸田も惣領が一人で押さえていたわけではなく、一門の人たちがたくさんいて、同族の中で意見や方針が異なることも多かった。東から今川の軍勢が押し寄せると、牧野や戸田の一族も、あるものはこれに従い、あるものは抵抗して戦ったりしたが、一門全体が滅亡するということはなく、なんとか生き残って家名を守った。今川と松平（徳川）の戦いの中で、牧野も戸田も苦労を重ねるが、結局は家康に従い、徳川の家臣として活躍した結果、東三河からは離れたものの、江戸時代につながる大名の地位を得ることに成功する。

駿河・遠江を領する大名だった今川氏は、さらに領国を広げようと、三河に軍勢を送りこみ、東三河も今川の支配に服することになった。吉田や田原に部将を配置して、今川氏の支配は進められたが、地域の寺社の所領などはそのまま認めていて、それまでに培われた社会の形を大きく変えようとはしていなかったようである。また吉田の神社を造営するなど、地域振興を図ろうとしていたようすもうかがえる。今川を破ってあらたな支配者となった徳川家康も、地域の武士たちを打倒したりせず、これを配下に組み入れて活躍させるという方法をとった。

牧野と戸田が争い、また今川や松平の軍勢が攻め入ったりして、東三河では戦いがくりかえされたが、地域に生きた人々は疲弊しきっていたわけではなく、かなりの経済力を持って、生き生きと活動していたように思える。現在遺されている棟札などからみると、この時代の東三河では、神社の造営や修理がひっきりなしに続いていたらしく、またこうした事業には、領主や大工、僧侶だけでなく、地域の百姓たちも深くかかわっていたことがうかがえる。

戦国時代というと、戦いが続いた悲惨な時代というイメージもあるが、地域に生きた武士や百姓たちは、意外にしたたかで、その財力を基盤にしながら、激動の時代に対処していたのではないかと思える。東三河の武士たちが大名の今川氏に金を貸したという話は本文でも触れたが、こうした経済力の源泉が何なのか、探ってみるのも面白いのではないだろうか。海の幸、山の幸に恵まれ、交通や物流の要衝でもある東三河の地は、現在でもかなりの豊かさを持つ地域のように思えるが、こうした地域の特徴は、戦国時代から続いているものかもしれないのである。

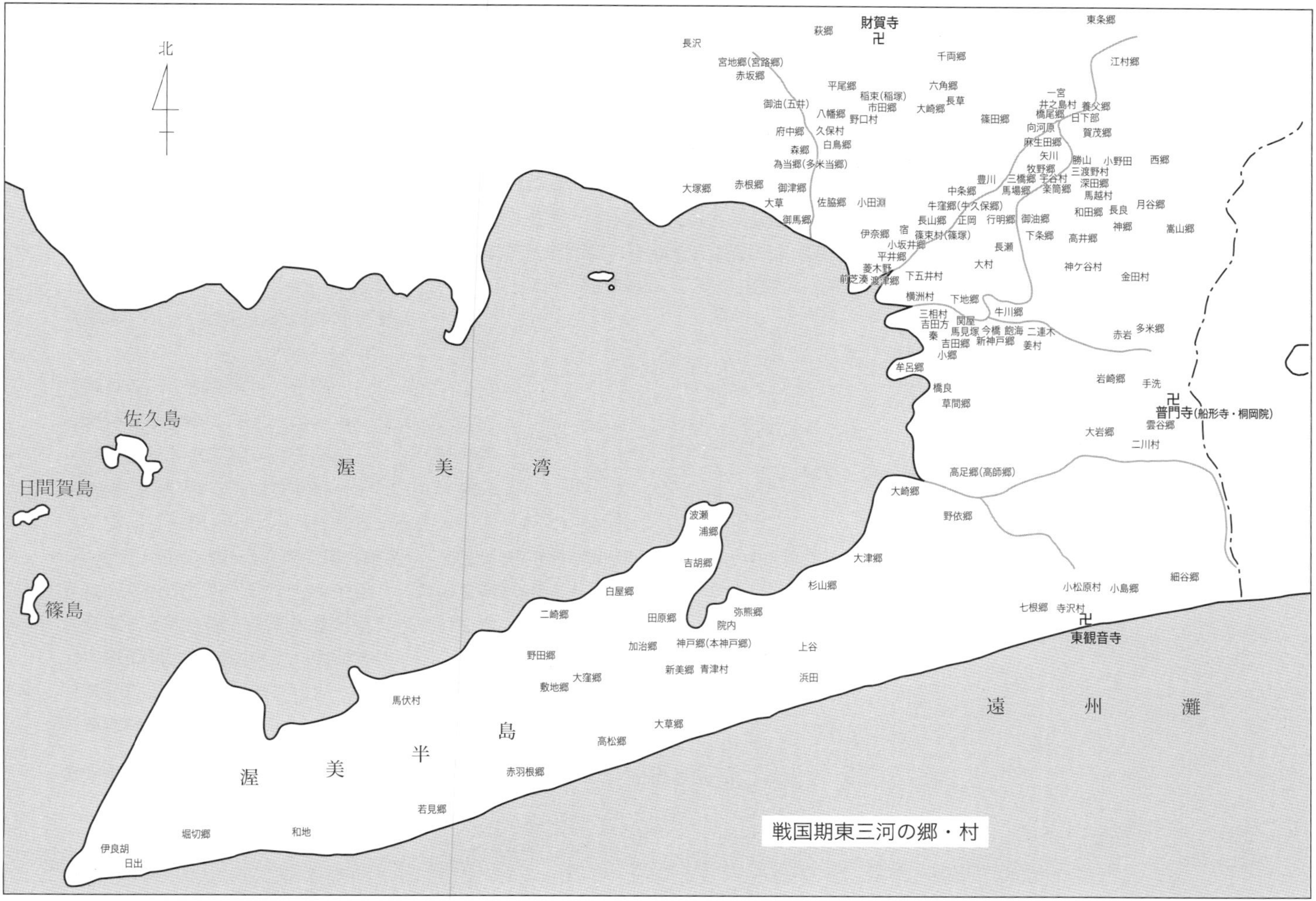
北
財賀寺
東条郷
萩郷
長沢
千両郷
宮地郷(宮路郷)
赤坂郷
江村郷
平尾郷
六角郷
稲束(稲塚)
長草
一宮
御油(五井)
市田郷
大崎郷
井之島村
養父郷
八幡郷
野口村
篠田郷
橋尾郷
日下部
府中郷
久保村
向河原
賀茂郷
白鳥郷
麻生田郷
森郷
矢川
勝山
小野田
西郷
為当郷(多米当郷)
牧野郷
三渡野村
豊川
三橋郷
宇谷村
深田郷
大塚郷
赤根郷
御津郷
中条郷
馬場郷
楽筒郷
馬越村
大草
佐脇郷
小田淵
牛窪郷(牛久保郷)
和田郷
長良
月谷郷
御馬郷
長山郷
正岡
行明郷
御油郷
神郷
伊奈郷
宿
篠束村(篠塚)
下条郷
高井郷
嵩山郷
小坂井郷
長瀬
平井郷
大村
神ケ谷村
菱木野
下五井村
金田村
前芝湊
渡津郷
横洲村
下地郷
牛川郷
三相村
吉田方
関屋
秦
馬見塚
今橋
飽海
二連木
吉田郷
新神戸郷
姜村
赤岩
多米郷
小郷
牟呂郷
岩崎郷
手洗
橋良
草間郷
普門寺(船形寺・桐岡院)
雲谷郷
大岩郷
二川村
佐久島
日間賀島
篠島
渥美湾
高足郷(高師郷)
大崎郷
野依郷
波瀬
浦郷
大津郷
吉胡郷
白屋郷
杉山郷
小松原村
小島郷
細谷郷
二崎郷
田原郷
弥熊郷
七根郷
寺沢村
院内
東観音寺
野田郷
加治郷
神戸郷(本神戸郷)
上谷
大窪郷
新美郷
青津村
浜田
敷地郷
馬伏村
遠州灘
島
大草郷
高松郷
半
美
赤羽根郷
渥
若見郷
堀切郷
和地
伊良胡
日出

戦国期東三河の郷・村

参考文献

史料集・論考・図録に分け、それぞれ刊行年順に配列した。

〔史料集〕

『新訂寛政重修諸家譜』第一～第二十二、索引一～四（続群書類従完成会、一九六四～六七年）
『豊橋市史』第五巻（一九七四年）
『豊川市史』中世・近世史料編（一九七五年）
『寛永諸家系図伝』第一～第十四（続群書類従完成会、一九八〇～九二年）
鈴木源一郎編『豊橋市神社棟札集成』（愛知県神社庁豊橋支部、二〇〇一年）
『新編豊川市史』第五巻（資料編、原始・古代・中世）（二〇〇二年）
『愛知県史』資料編11（織豊1）（二〇〇三年）
『愛知県史』資料編9（中世2）（二〇〇五年）
『愛知県史』資料編12（織豊2）（二〇〇七年）
『愛知県史』資料編10（中世3）（二〇〇九年）

〔論考〕（　）内の人名は分担執筆者

『渥美郡史』第二編第四章「吉野室町時代」（愛知県渥美郡役所、一九二三年）
『神社を中心としたる宝飯郡史』第廿七章「群雄割拠時代（その一）牧野氏」・第廿八章「群雄割拠時代（その二）中西部の群雄」・第廿九章「群雄割拠時代（その三）松平諸侯と今川氏」（愛知県宝飯郡神職会、一九三〇年）
大口喜六『国史上より観たる豊橋地方』第五編「群雄時代上」・第六編「群雄時代下」（校訂増補豊橋市史談刊行会、一九三七年）
『赤羽根町史』第二章第三節「中世」（一九六八年）
『田原町史』上巻、歴史編第七章「田原戸田氏」・第八章「戦国の世相」・第九章「徳川家康の田原城攻略」（鬮目作司）（一九七一年）

『豊橋市史』第一巻、第三章第二節「戦国時代の豊橋地方」（伊藤博敏・歌川学・村長利根朗）（一九七三年）
『豊川市史』第四篇第二章「動乱期の豊川」（一九七三年）
『音羽町誌』第三章「中世」四「動乱期の三河」・五「中世における音羽町の領主」（一九七五年）
『小坂井町誌』歴史編第三章第二節「室町・安土桃山時代」（一九七六年）
横尾義貫『東三河の戦国時代』（「東三河の戦国時代」刊行会、一九八五年）
『御津町史』本文編、第一編第四章「戦国動乱期の御津」（一九九〇年）
『渥美町史』歴史編上巻、中世第二章「戦国時代の奥郡」（山内藤雄）（一九九一年）
小林貞美・牧野登『西郷氏興亡全史』（歴史調査研究所、一九九四年）
『静岡県史』通史編2・中世、第三編第一章第二節「氏親の遠江平定と近隣の国々」・第三章第三節「義元の三河侵攻と松平元康」・第六章第二節「氏真の三河撤退と領国経営」（大久保俊昭・久保田昌希）（一九九七年）
鈴木健『東三河の戦国時代』（二〇〇二年）
鈴木健『東三河の史跡めぐり―戦国時代・長篠設楽原の戦い―』（二〇〇五年）
『音羽町史』通史編、中世第三章「戦国動乱と東三河」（二〇〇五年）
久保田昌希『戦国大名今川氏と領国支配』第二編第二章「今川領国三河の様相」（吉川弘文館、二〇〇五年）
柴裕之「戦国大名武田氏の奥三河経略と奥平氏」（『武田氏研究』三五号、二〇〇六年）
『山梨県史』通史編2・中世、第九章第一節「武田氏滅亡への道」（鴨川達夫）（二〇〇七年）
柴裕之「戦国大名武田氏の遠江・三河侵攻再考」（『武田氏研究』三七号、二〇〇七年）
大久保俊昭『戦国期今川氏の領域と支配』第二部第三章「三河国の在地動向」・第四章「伊奈本多氏の場合」・第五章「西郷氏の場合」（岩田書院、二〇〇八年）
『小坂井町史』通史編、第二編第三章「戦国時代」（山田邦明）（二〇一〇年）
『新編豊川市史』第一巻（通史編、原始・古代・中世）、第九章「戦国時代」・第十章「織豊時代」・第十一章「中世の城と館」（新行紀一・谷口央・奥田敏春）（二〇一一年）

山田邦明「遠江・三河から見た武田氏」（『武田氏研究』四四号、二〇一一年）
平山優『長篠合戦と武田勝頼』（敗者の日本史9、吉川弘文館、二〇一四年）

〔図録〕本書に収めた文書写真は、左の図録から転載した。

『東観音寺展』（豊橋の寺宝Ⅰ、文化財保護法五十年記念）（豊橋市美術博物館、二〇〇〇年）
『普門寺・赤岩寺展』（豊橋の寺宝Ⅱ）（豊橋市美術博物館、二〇〇二年）

【著者紹介】

山田邦明（やまだ　くにあき）

1957年、新潟県生まれ
東京大学大学院人文科学研究科博士課程中退
現在、愛知大学文学部教授
専攻＝日本中世史
室町時代や戦国時代をおもな対象として、古文書や日記などを読み解きながら、当時の人々の言動や社会のしくみの一端を明らかにしてみようと、研究を続けている。いろいろな地域に視点を当てて、具体的な史実をみつけだし、地域の個性をとらえることも、研究課題のひとつである。
著書＝『鎌倉府と関東』（校倉書房）、『戦国のコミュニケーション』（吉川弘文館）、『戦国の活力』（小学館）、『室町の平和』（吉川弘文館）、『日本史のなかの戦国時代』（山川出版社）など

愛知大学綜合郷土研究所ブックレット ㉓

戦国時代の東三河　牧野氏と戸田氏

2014年３月25日　第１刷　　2015年６月15日　第２刷発行

著者＝山田 邦明 ©

編集＝愛知大学綜合郷土研究所

〒441-8522 豊橋市町畑町1-1　Tel. 0532-47-4160

発行＝株式会社 あるむ

〒460-0012 名古屋市中区千代田3-1-12　第三記念橋ビル
Tel. 052-332-0861　Fax. 052-332-0862
http://www.arm-p.co.jp　E-mail: arm@a.email.ne.jp

印刷＝精版印刷

ISBN978-4-86333-082-5　C0321

刊行のことば

愛知大学は、戦前上海に設立された東亜同文書院大学などをベースにして、一九四六年に「国際人の養成」と「地域文化への貢献」を建学精神にかかげて開学した。その建学精神の一方の趣旨を実践するため、一九五一年に綜合郷土研究所が設立されたのである。

以来、当研究所では歴史・地理・社会・民俗・文学・自然科学などの各分野からこの地域を研究し、同時に東海地方の資史料を収集してきた。その成果は、紀要や研究叢書として発表し、あわせて資料叢書を発行したり講演会やシンポジウムなどを開催して地域文化の発展に寄与する努力をしてきた。今回、こうした事業に加え、所員の従来の研究成果をできる限りやさしい表現で解説するブックレットを発行することにした。

二十一世紀を迎えた現在、各種のマスメディアが急速に発達しつつある。しかし活字を主体とした出版物こそが、ものの本質を熟考し、またそれを社会へ訴える最適な手段であると信じている。当研究所から生まれる一冊一冊のブックレットが、読者の知的冒険心をかきたてる糧になれば幸いである。

愛知大学綜合郷土研究所